JN420905

수학 원리 탐구의 ABC

초등학교 5&6학년

김민경 · 홍소진 · 홍지연

KYOWOOSA 教友社

머리말

수학은 인류가 이 지구에 나타난 이후 함께 생존하며 발전한 역사의 중심에 있다고 해도 과언이 아니다. 수천 년의 시간 속에서 점차 고도로 형식화되고 추상화되어 가는 수학의 발전상은 인류뿐만 아니라 다른 학문에 적지 않은 영향을 주었다. 이렇게 고도로 발전한 수학은 지극히 추상적이고 함축적이어서 수학을 배우는 학습자의 수준에 적합한 교수-학습 환경이 요구된다. 그러므로 고도로 추상적인 학문인 수학을 제대로 이해하기 위해서는, 수학을 처음 접하는 시기에 올바른 방법으로 접근해야 한다. 즉, 수학을 어떻게 만나느냐에 따라 향후 수학에 대한 이해도 및 관심도가 달라진다는 것이다.

우리가 자라면서 받아온 대부분의 수학 교육은 원리를 탐구하고 수학자가 생각했던 과정을 함께 경험하기보다는 수십여 개의 문제를 풀면서 풀이 방식을 외우거나 반복 학습과 암기를 통해 문제의 유형을 익히는 식으로 이루어져 왔다. 물론 반복 연습이 중요하지 않은 것은 아니나 연습 이전에 수학적 경험을 통한 원리 발견과 생활 속 탐구가 학생들에게 얼마나 중요한 과정인지는 여러 선행연구의 결과가 보여주고 있다. 현재 교실 현장에서 이루어지고 있는 수학은 여러 차례의 개정 과정을 통해 많이 개선되었지만, 학생들에게 실제 자신이 속해 있는 생활 속에서 발견할 수 있는 문제와 아이디어를 제공하고 해결하는 기회를 주기에는 더 많은 개선이 절실한 상황이다.

이러한 현실적 상황을 개선하기 위하여 이 책은 학교 현장에서 실질적으로 사용할 수 있는 일상생활 속 체험활동의 아이디어와 그와 관련된 교수자료를 개발, 보급하기 위한 노력의 일환으로 탄생되었다. 예를 들어, 토끼의 번식, 바코드, 주변의 식물들, 박물관, 벌집 등과 같은 일상적인 사물과 주변의 자연 현상을 통해 그 안에 숨겨진 수학적 원리들을 탐구할 수 있는 기회를 제공하도록 하였다. 책에 나와 있는 내 생활 주변의 문제를 해결하면서 수학은 지루한 반복 학습이 아니라 일상생활에서 쉽게 만나고 탐구하며 그 속에 숨겨진 원리를 발견할 수 있는 재미있는 활동이라는 것을 체험할 수 있도록 노력하였다. 누구나 한 번쯤은 화장실에 앉아서 무심코 타일의 무늬와 색깔을 따라 가 본 적이 있을 것이다. 그러나 그 단순한 타일의 무늬 속에도 수학적 원리가 있다는 것을 아는 사람은 몇이나 될까? 그리고 그 원리를 통해 유명한 화가 '에셔'의 그림이 탄생되었다면? 즉, 화장실의 타일과 '에셔'의 그림은 별반 다를 바가 없다는 것이다.

저서의 내용을 하나하나 구성하는 과정에서 교육과정을 충실히 따르면서 학생들에게 재미있는 원리 탐구 학습의 개발이라는 두 가지 문제를 해결하기 위해 다음과 같은 순서로 구성하였다. 우선, **Part I. 수학 원리 탐구의 이론적 고찰**에서는 현실적인 수학 교육(Realistic Mathematics Education) 및 수학적 모델링의 이론을 고찰함으로써 수학적 원리 탐구의 중요성과 수학과 수업모형을 논하였다. **Part II. 수학 원리 탐구 프로그램의 개발**에서는 전체적인 프로그램의 개요 및 이 책의 활용 방법을 소개하였다. 또한 각 학년에서의 프로그램 구성 개요와 함께 실제를 소개하였다. 1. 탐구 활동의 개요를 통해 단원의 대략적인 내용을 보여주고, 2. 교육과정 분석을 통해 교과서의 어느 영역에 속하는지를 나타내어 현재 교과서의 흐름 속에서 이해할 수 있다. 3. 탐구활동 전개 계획은 학생들이 일상생활에서 직접 경험할 수 있는 것들을 위주로 다양한 활동을 제시하였고, 4. 탐구활동의 실제에서는 실제 교실에서 교사들이 사용할 수 있는 차시별 지도안을 담았다. 마지막으로 **Part III. 수학 원리 탐구 프로그램 활동지**는 즉석에서 교사가 복사하여 활용할 수 있도록 흥미로운 원리 탐구 활동을 담아 놓았다.

본 저서는 2008년도 한국과학문화재단의 과학문화활동지원사업 지원을 받아 수행된 연구 결과의 일부임을 밝힌다. 본 저서는 현장에서 바쁘게 뛰고 있는 교사들이 손쉽게 교실에서 원리 탐구 활동을 활용할 수 있을 것으로 기대되며, 교실 속 수학을 주변의 사물과 자연으로 확장시켜 수학을 기초로 하는 창의적 사고를 증진시키는 기회가 되었으면 한다. 이를 위해 출판을 기꺼이 수락하신 교우사 오판근 사장님과 안창웅 부장님 외 모든 분들께 심심한 감사를 드린다.

2009년 12월 24일

저자 일동

차 례

Part I

수학 원리 탐구의 이론적 고찰

21세기 현대 사회는 지식·정보화 사회로 단편적인 지식을 단순히 암기하고 재생하는 학습에서 벗어나 고차원적인 수학적 사고력과 문제 해결 능력 및 창의력 등을 향상시킬 수 있는 학습이 요구된다. 이러한 시대요구에 따라 우리나라 학교수학은 수학적으로 사고하고 의사소통하며, 수학에 대한 관심과 흥미를 가지고, 수학의 가치를 이해하며, 수학에 대한 긍정적 태도를 기르는 것을 목표로 하고 있다(교육과학기술부, 2009). 특히, 초등학교의 경우 구체적 조작 활동과 학습자의 현실 및 흥미의 반영에 기초하여 아동의 발달단계에 적절한 형태로 수학 학습이 이루어지도록 요구되고 있다.

이에 학생들이 자신의 주변 생활을 관찰함으로써 일상생활에 스며들어 있는 여러 가지 수학적 원리들을 찾아내고, 탐구할 수 있는 초등 수학에서의 수학 원리 탐구 방안을 모색하고자 한다.

Chapter 1 RME (Realistic Mathematics Education)

현실적인 수학 교육(RME)은, 수학을 인간의 활동으로 파악하는 프로이덴탈(Freudenthal, 1973)의 수학관에 그 뿌리를 두고 있는 것으로, 그 핵심 원리는 첫째, 안내된 재발명(guided reinvention)과 점진적 수학화(progressive mathematization), 둘째, 교수학적 현상학(didactical phenomenology), 셋째, 자기-개발 모델(self-developed model)이다. 재발명 원리에 따르면, 수학이 발명되던 과정과 유사한 과정을 학생들이 경험할 수 있도록 그들에게 기회를 주어야만 한다. 이 때, 수학의 역사는 학생들이 이수하는 코스의 설계를 위한 원천으로 사용될 수 있다. 비형식적인 전략은 형식적인 절차를 만들기 위한 유사한 풀이 절차를 수학화하는 것이 바로 재발명 과정을 위한 기회를 제공하는 것이다.

교수학적 현상학에 따르면, 주어진 수학적 토픽이 적용되는 상황이 두 가지 이유에서 탐색되어야만 한다. 첫째는 수업에서 교사가 기대하는 적용이 어떤 종류의 것인지를 분명히 하기 위해, 그리고 둘째는 점진적 수학화의 과정을 위한 충격점(point of impact)으로서의 적절성을 고려하기 위해서이다. 수학이 실제적인 문제를 해결하는 것으로부터 진화되어 왔다고 생각한다면, 오늘날의 수학 수업에서 그러한 진화과정을 야기하는 문제를 찾아야 한다고 생각하는 것이 합리적일 것이다. 그런 다음, 형식적 수학이 상황-특수한(situation-specific) 문제 해결 절차와 여러 가지 상황에 대한 개념을 일반화하고 형식화하는 과정에서 생겨나게 된다고 상상할 수 있다. 이러한 입장에서 보면, 현상학적 탐색의 목표는 상황-특유적인 접근 방법이 일반화될 수 있는 문제 상황을 찾는 것이고, 또 수직적 수학화의 토대로 간주될 수 있는 패러다임적 풀이 절차를 유도하는 상황을 발견하는 것이라 할 수 있다. 이러한 발견은 학습자 스스로에게 발견할 수 있는 경험의 기회가 주어져야 하며 이러한 점에서 체험 학습은 교수학적 효과를 기대할 수 있는 매력적인 교육환경의 제공이라고 할 수 있다.

Chapter 2

수학적 모델링 (Mathematical Modeling)

수학 교육에서 문제 해결력이 강조됨에 따라 학생들의 문제 해결 능력 향상에 관한 연구가 많은 관심을 얻고 있었으며, 이를 위한 여러 가지 방법들이 연구되어 왔다. 최근 들어 이들 중 한 가지로 '수학적 모델링'이 연구되고 있다. 수학적 모델링은 실생활 상황에서의 구조화되지 않은 문제에 수학을 적용하도록 함으로써(Zbiek, 1998) 비구조화된 현실 세계의 문제에 수학을 응용하여 해결하는 것을 말하는데(Galbraith & Clatworthy, 1990), 본 장에서는 김민경·홍지연·김은경(2009)의 연구를 바탕으로 하여 우리나라 초등 수학에서의 수학적 모델링 지도 방안에 대하여 정리하였다.

1) 모델과 수학적 모델

일반적으로 '모델'이란 어떤 대상의 크기를 줄여서 만든 물리적 복제품을 말하는 것으로서, 어떤 복잡한 체계의 행위에 대해 기술하고, 뜻을 이해하며, 설명하거나 예상하는데 사용된다. 모델들은 어떤 구체적 상황에서 특정한 목적을 달성하기 위해 개발되며, 학습과 문제 해결 상황이 처해있는 형태와 관련이 있다(English, 2003; Greeno, 1991; Lesh & Lehrer, 2003). 모델은 요소, 요소 사이의 관계, 요소들이 어떻게 상호작용 하는지를 기술하는 연산, 요소 사이의 관계와 연산에 적용되는 대칭, 교환, 변환과 같은 패턴 및 규칙으로 구성된 체계이며(Lesh & Doerr, 2000), 어떤 다른 유사한 체계의 행위를 묘사하거나 설명하거나 혹은 예측하는 데 사용될 수 있는 요소, 작동, 관계 및 규칙의 체계이다(Doerr & English, 2003).

수학적 모델은 실세계 상황의 측면을 나타내기 위해 선택된 하나 이상의 수학적 실재(존재)와 그것들 사이의 관계의 조합으로서(Niss, 1989), 어떤 현상에 내재된 특성을 유사하게 가지면서 함수 또는 방정식처럼 수학적 개념을 활용하여 만들어낸 수학적 구조를 말한다(Edward & Hamson, 1989). 이러한 수학적 모델에 대하여 NCTM(2000)은 복잡한 현실 상황에서 구성 요소와 관계를 수학적으로 표현한 것으로 보고, 학생들은 다양한 범주의 실제적인 현상을 해석하고 분석하며 문제를 해결하기 위하여 이러한 수학적 모델을 사용할 수 있다고 언급하고 있다.

2) 수학적 모델링

(1) 초등 수학에서의 수학적 모델링 과정

초등학교 학생을 대상으로 한 여러 가지 수학적 모델링 사례들을 살펴보면, 이들은 중·고등학교 학생을 대상으로 한 사례들의 경우와는 달리 제시되는 문제 상황 및 수학적 사고 및 추론 과정이 중등의 경우에 비해 비교적 덜 복잡하며, 모델링 과정에서도 형식적이고 추상적인 수학적 모델보다는 실세계의 상황들을 단순화하고 형식화·추상화해가는 활동 과정 자체가 강조되고 있음을 볼 수 있다. 이들 연구에서는 공통적으로 문제 상황을 관찰하고, 문제 상황에 적절한 모델을 개발하여 그 모델에서 수학적 결론을 찾아낸 후 개발된 모델과 수학적 결론을 다른 상황에 적용함으로써 또 다른 실생활 문제를 해결해 나가는 큰 흐름을 찾을 수 있는데, 이러한 흐름은 우리나라 초등 수학 교육 현장을 고려함으로써 다음의 〈그림 I-1〉과 같은 수학적 모델링 과정으로 제시될 수 있다(김민경·홍지연·김은경, 2009).

〈그림 I-1〉 초등 수학에서의 수학적 모델링 과정 (김민경·홍지연·김은경, 2009)

〈그림 I-1〉에 제시된 수학적 모델링 과정은 실생활 문제로부터 시작되어 다시 실생활 문제로 되돌아오는 순환과정으로서, 제시된 수학적 모델링 과정의 각 단계를 구체적으로 살펴보면, 우선 첫 번째 단계인 [실생활 문제] 단계는 준비활동을 하는 단계로서 현실 생활의 문제가 제시됨으로써 학생들로 하여금 실생활 문제 상황에 노출되도록 하여 문제 상황에 직면하도록 하는 단계이다.

[모델] 단계인 두 번째 단계는 모델유도활동을 하게 되는 단계로서 이 단계에서 학생들은 제시된 현실의 문제 상황을 자세히 관찰함으로써 문제 상황을 이해하는 동시에, 문제 상황을 단순화함으로써 자신들이 해결해야 할 문제 상황에 적절한 모델을 유도하고 개발하게 된다.

세 번째 [수학적 결론] 단계는 모델탐색활동을 하는 단계로서 학생들로 하여금 자신들이 이전 단계에서 유도하고 개발했던 모델을 탐색하여 형식화하고 추상화함으로써 수학적 결론을 이끌어내도록 한다.

네 번째 단계인 [모델 적용] 단계는 모델적용활동을 하는 단계로서 이 단계에서 학생들은 앞선 단계에서 얻어진 수학적 결론을 해석·분석함으로써 유사한 상황에 자신들의 모델과 모델에 포함된 수학적 결론을 적용하게 되며, 나아가 자신들이 개발했던 모델들을 응용함으로써 여러 가지 모델들을 새로운 실생활 문제 상황에 재활용·일반화하게 된다.

이처럼 학생들은 [실생활 문제]-[모델]-[수학적 결론]-[모델 적용]의 과정을 거치는 동안 준비활동과 모델유도활동, 모델탐색활동, 모델적용활동을 함으로써 현실 상황의 문제에 포함된 수학적 개념이나 원리·법칙을 모델을 통하여 발견하고, 이를 다시 다른 문제 상황에 적용함으로써 하나의 문제를 해결하게 된다.

(2) 수학적 모델링의 수업 적용 절차

위와 같은 수학적 모델링의 과정을 초등 수학 수업과 관련지어 수학적 모델링의 수업 적용 절차를 생각해볼 수 있는데 이를 구체적으로 살펴보면, 다음의 〈그림 I-2〉와 같다.

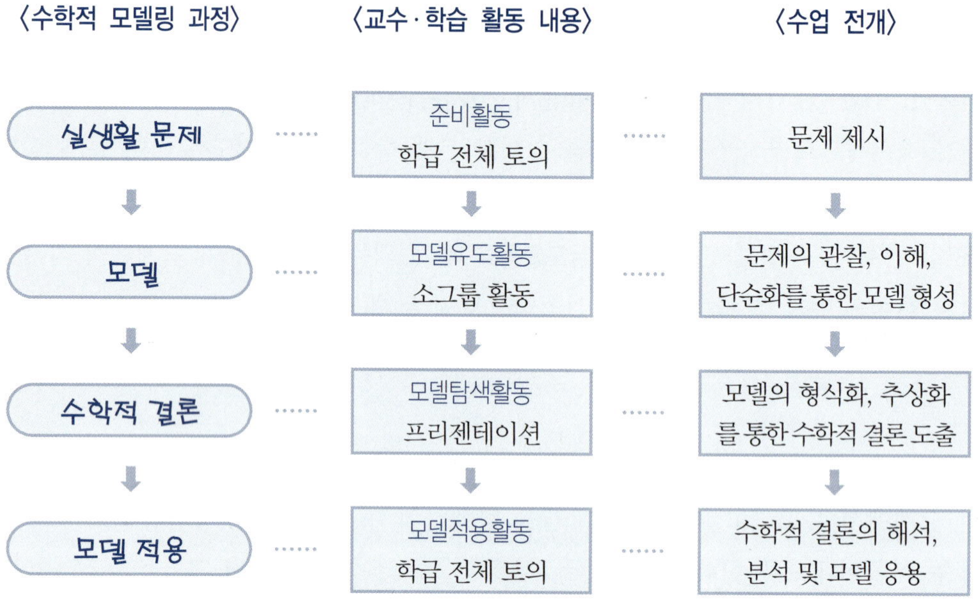

〈그림 I-2〉 수학적 모델링의 수업 적용 절차 (김민경·홍지연·김은경, 2009)

초등 수학 교육 현장에서 수학적 모델링의 적용을 생각해보면, 초등 수학 수업에서는 우선 수학적 모델링의 첫 번째 단계에서 준비활동으로 **학급 전체 토의**를 할 수 있는데, 이 때 실생활 문제가 제시되고, 제시된 문제를 학급 전체가 공유함으로써 학생들은 해결해야 할 문제 상황을 접하고 문제 상황에 직면하게 되며, 학급 전체가 토의를 통하여 문제 상황 전반에 대하여 학급 전체가 이야기를 나누면서 문제 상황에 나타난 정보들을 파악하게 된다. 이후 두 번째 단계에서는 학생들이 **소그룹 활동**을 통해 문제 상황을 관찰하고, 문제를 자세하고 구체적으로 이해하며, 문제 상황을 단순화함으로써 주어진 문제 해결에 적합한 모델을 개발·형성하는 모델유도활동을 하게 된다.

학생들에 의해 모델이 형성된 후, 수학적 모델링의 세 번째 단계에서 학생들은 개발된 모델에 대한 **프리젠테이션**을 통하여 모델을 탐색하고 그것을 추상화·형식화함으로써 수학적 결론을 도출하는 모델탐색활동을 하게 된다. 이후 마지막 단계에서 학생들은 **학급 전체 토의**를 통하여 모델적용활동을 하게 되는데, 학생들은 이전 단계에서 도출된 수학적 결론을 해석하고 분석하여 새로운 문제 상황에 응용하여 모델을 재활용함으로써 모델 적용 과정을 거치게 된다.

Chapter 3 수학 교육에서 원리 탐구의 역할

수학 교육이 추구하고 있는 궁극적 목표가 단순 지식의 암기 및 재생을 통한 학습보다는 고차원적인 사고력, 추리력 및 창의력을 증진시키는 것으로 변화됨에 따라, 역사적으로 수학의 여러 가지 원리가 발견되어 온 과정, 즉 수학자가 생각했던 과정을 학생들이 경험해 보고, 이러한 수학적 경험을 통하여 수학적 원리를 발견하고 일상생활 속에 담겨진 수학의 원리를 탐구해 보는 활동에 대한 중요성이 점차 부각되고 강조되고 있다.

이러한 시대적 흐름 및 동향에 따라 수학과 교육과정은 학생들이 수학 학습에 활동적으로 참여해야 의미 있는 학습이 이뤄진다고 강조하고 있다. '듣기만 한 것은 잊어버리고, 본 것은 기억되지만, 해 본 것은 이해할 수 있다.' 학생 스스로 자신의 수학적 의미를 구성하는 데에 초석이 되는 활동적인 참여의 중요성을 나타내고 있다. 수학과의 수업 모형은 다양한데 그 중 원리 탐구 수업 모형이 연구의 목적과 가장 밀접한 연관성을 지니고 있다.

원리 탐구 학습은 수학적인 원리, 법칙, 성질, 공식 등의 문장 수준의 학습이다. 이미 알고 있는 학습 내용을 바탕으로 한 직관적 사고로 결과를 먼저 예상하고 추론 활동을 통한 논리적 사고로 결과를 검증한다. 원리 탐구 수업 모형은 경험활동에서 얻은 정보를 체계화한다고 볼 수 있다. 여기서 교사는 필요한 질문을 던지고 자료의 중요한 부분을 암시적으로 강조함으로써 아동의 개념 형성 과정을 촉진할 수 있다. 교사의 도움을 많이 받기는 해도 원리 탐구 수업의 핵심은 교실의 아동들이 구체적인 자료를 가지고 활동에 적극 참여하여 개념을 형성하는 것이라고 할 수 있다.

본 학습의 성공 여부는 무엇보다 교사의 사전 준비를 통한 계획에 좌우된다고 할 수 있다. 교사는 원리 탐구 학습 활동에 공헌할 수 있는 지도 목표를 마련하여야 하며, 그에 따라 선택된 내용에서 자료를 추출할 수 있어야 한다. 자료는 아동들이 효과를 얻고 일반화하는 기본적 도구이기 때문에 적절한 자료 추출 능력은 매우 중요한 것이다.

원리 탐구 학습의 목표는 첫째, 개념 또는 일반화를 지도하는 지도내용에 대한 목표, 둘째, 아동들에게 관찰하고 추리하는 등의 탐구과정 기술을 습득하도록 하는 목표, 셋째, 아동들에게 수학의 특성을 이해시키는 목표로서 이와 같은 목표는 아동들에게 주어진 자료에서 일정한 형식을 찾기 위하여 분석하고 비교하여 유용한 개념이나 일반화를 유도하는 것으로 과정 훈련과 더불어 개념 형성을 강조하고 있다.

교사는 학습 목표에 대한 충분한 사전 교재 연구와 아동의 활동에 대한 충분한 고려를 통하여 자료를 적절하게 투입함으로써 아동의 일반화에 대한 습득 방법과 특성을 이해할 수 있는 것이다. 이 모형을 적절히 이용하면 수학 원리를 자세히 학습하고 종합 정리하는 능력과 다각적인 문제 해결 능력을 기를 수 있고 사실에 접근하고 법칙성과 원리를 스스로 찾아내는 능력을 기를 수 있다.

Chapter 4 수학과 수업 모형

수학과 교육과정에서는 수학과 교수-학습을 위한 수업모형으로 개념 형성 수업 모형, 원리 탐구 수업 모형, 문제 해결 수업 모형 등이 소개되고 있다(교육과학기술부, 2009).

본 책에서는 탐구 주제별 탐구 활동에 따라 이들 모형들 중 수학과 원리 탐구 학습에 적절한 수업 모형이 선택·적용되었다.

1) 개념 형성 수업 모형

개념이란 다양한 사실이나 현상들을 공통 성질에 따라 범주화한 것이라고 할 수 있다. 스캠프(Skemp, 1989)는 개념을 공통 성질에 대한 상징적 표현으로서 규정하면서 개념을 형성하는 대표적인 조작으로 분류와 추상화를 제안하였다. 분류는 공통 성질에 근거한 다양한 사실들을 수집하는 활동이며, 추상화는 공통 성질을 명확하게 인식하는 활동이다. 따라서 개념을 형성한다는 것은 다루고자 하는 대상들을 분류하고 공통 성질을 추상화하는 정신 작용이라고 할 수 있다.

또한 스캠프는 학생들에게 수학적 개념에 대한 범례를 제시할 때는 주어진 개념의 속성이 포함된 정례(example)와 그렇지 않은 비례(non-example)를 적절하게 혼합하여 제시하는 것이 효과적이라고 주장하였다.

수학과의 개념 형성 모형은 대체로 다음과 같은 절차로 진행할 수 있다(교육과학기술부, 2009).

단계	교수·학습 활동
범례 제시	• 개념의 정의에 필요한 범례(정례와 비례)를 제시한다.
범례 분류하기	• 조작, 관찰 등에 의해 범례를 여러 가지 속성에 따라 분류한다. • 분류된 예들의 공통 성질을 암묵적으로 생각한다.
공통의 성질 추상화하기	• 분류된 예들의 공통된 성질을 명확하게 설명한다. • 분류된 예들의 공통 성질을 추상화한다.
개념 정의하기	• 추상화한 공통 성질을 활용하여 수학적인 용어와 기호로 개념을 정의한다.
개념의 속성 조사하기	• 정의한 개념의 결정적 속성과 비결정적 속성을 조사한다.
개념 익히기	• 개념을 익히고 새로운 상황에 개념을 적용한다.

2) 원리 탐구 수업 모형

수학적 원리의 이해를 위해서는 개념적 지식이 체계적으로 형성되어야 하며, 절차적 지식은 수학적 원리의 이해가 뒷받침될 때에 더욱 의미가 충실한 지식이 된다.

수학과의 원리 탐구 수업 모형은 대체로 다음과 같은 절차로 진행할 수 있다(교육과학기술부, 2009).

단계	교수·학습 활동
새로운 문제 상황 제시	• 새로운 문제 상황을 제시함으로써 학생들의 인지적 갈등 상황을 유도한다.
수학적 원리의 필요성 인식	• 이전에 습득한 지식을 활용하여 문제 해결 방법을 탐색함으로써 일반적인 수학적 원리의 필요성을 인식한다.
수학적 원리가 내재된 조작 활동	• 학습해야 할 수학적 원리가 내재되어 있는 조작 활동을 한다.
수학적 원리의 형식화	• 수학적 원리를 형식화한다.
익히기 및 적용하기	• 형식화한 수학적 원리를 익히고 적용한다.

3) 문제 해결 수업 모형

문제 해결은 문제를 해결하는 과정에서 기초적인 수학적 지식이나 기능을 보다 확실히 이해할 수 있으며, 의사소통 능력, 비판적 사고 능력, 창의적 사고 능력 등과 같은 고등 정신능력을 신장할 수 있다는 데에 그 의미가 있다. 또한 문제 해결을 통해 지식의 단순 암기와 단순 적용, 알고리즘의 반복 연습에서 탈피하여 수학을 진정으로 행하는 활동을 경험할 수 있다.

폴리아(Polya, 1957)는 수학적 문제 해결의 과정을 문제의 이해, 해결 계획의 수립, 해결 계획의 실행, 반성의 네 단계로 나누고 각 단계에서의 효과적인 사고를 위한 발문과 권고를 제시하였다. 이에 수학과의 문제 해결 수업 모형은 폴리아의 문제 해결 단계를 따라 문제 이해 → 해결 계획 세우기 → 해결 계획의 실행 → 반성으로 진행할 수 있다(교육과학기술부, 2009).

단계	교수·학습 활동
문제의 이해	• 문제에서 구하려는 것과 주어진 것, 조건을 확인한다. • 문제에 제시된 수학적 용어의 의미를 파악한다.
해결 계획	• 해결 계획을 수립한다. • 문제에서 주어진 것과 구하려는 것 사이의 관계를 파악한다. • 여러 가지 문제 해결 전략을 생각해본다.
계획 실행	• 수립된 계획을 실행하여 문제를 해결한다.
반성	• 문제 해결 과정을 검토하고 문제 해결 과정과 결과를 논의하여 더 나은 문제 해결 방법을 탐색한다. • 결과를 점검하고, 다른 문제 해결 방법을 찾아본다. • 조건을 변경하여 새로운 문제를 만들어본다.

Part II

수학 원리 탐구 프로그램의 개발

Chapter 1 수학 원리 탐구 프로그램의 개요

1 이 책의 활용 방법

수학 원리 탐구의 구성은 각 학년별로 2개 또는 3개의 탐구 주제로 이루어져 있으며, 각 주제별로 1~4개의 탐구 활동이 포함되어 있다. 본 책은 각 주제별로 교육과정 분석이 제시되어 있어 각각의 체험 활동을 지도할 때 교육과정과 연계할 수 있도록 안내하고 있다. 또한 각 탐구 활동의 전개 계획을 제시하여 주제별로 어떠한 활동이 이루어지는지 한 눈에 쉽게 살펴볼 수 있도록 구성하였다.

원리 탐구 수업을 지도할 수 있도록 모든 탐구 활동마다 교사용 지도안과 활동지가 제시되어 있다. 또한 활동지를 쉽게 복사하여 활용할 수 있도록 활동지를 따로 모아 새로운 파트에 제시하고 있다.

교사용 지도안과 활동지에는 각 학년-탐구 주제-탐구 활동 순으로 번호가 매겨져 있어 각 활동과 활동지를 더욱 쉽게 찾을 수 있도록 하였다[예시: 1학년– 2) 하나 둘 셋 (1) 3까지만 셀 수 있는 원시인→ 1–2)–(1)]. 교사용 지도안은 교수학습 모형에 따라 원리 탐구 단계를 나누어 지도할 수 있도록 하였고, '이렇게 지도하세요'란에서 지도 방법을 보다 자세히 안내하였다.

주제명

탐구 활동의 개요

교육과정 분석

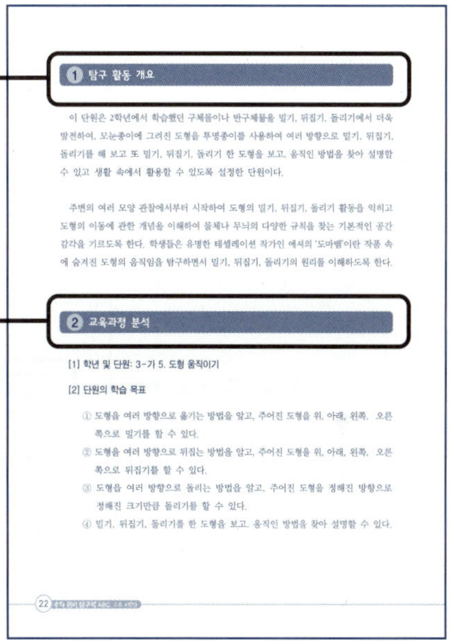

① 탐구 활동 개요

이 단원은 2학년에서 학습했던 구체물이나 반구체물을 밀기, 뒤집기, 돌리기에서 더욱 발전하여, 모눈종이에 그려진 도형을 투명종이를 사용하여 여러 방향으로 밀기, 뒤집기, 돌리기를 해 보고 또 밀기, 뒤집기, 돌리기 한 도형을 보고, 움직인 방법을 찾아 설명할 수 있고 생활 속에서 활용할 수 있도록 설정한 단원이다.

주변의 여러 모양 관찰에서부터 시작하여 도형의 밀기, 뒤집기, 돌리기 활동을 익히고 도형의 이동에 관한 개념을 이해하여 물체나 무늬의 다양한 규칙을 찾는 기본적인 공간 감각을 기르도록 한다. 학생들은 유명한 테셀레이션 작가인 에셔의 '도마뱀'이란 작품 속에 숨겨진 도형의 움직임을 탐구하면서 밀기, 뒤집기, 돌리기의 원리를 이해하도록 한다.

② 교육과정 분석

[1] 학년 및 단원: 3-가 5. 도형 움직이기

[2] 단원의 학습 목표

① 도형을 여러 방향으로 옮기는 방법을 알고, 주어진 도형을 위, 아래, 왼쪽, 오른쪽으로 밀기를 할 수 있다.
② 도형을 여러 방향으로 뒤집는 방법을 알고, 주어진 도형을 위, 아래, 왼쪽, 오른쪽으로 뒤집기를 할 수 있다.
③ 도형을 여러 방향으로 돌리는 방법을 알고, 주어진 도형을 정해진 방향으로 정해진 크기만큼 돌리기를 할 수 있다.
④ 밀기, 뒤집기, 돌리기를 한 도형을 보고, 움직인 방법을 찾아 설명할 수 있다.

22

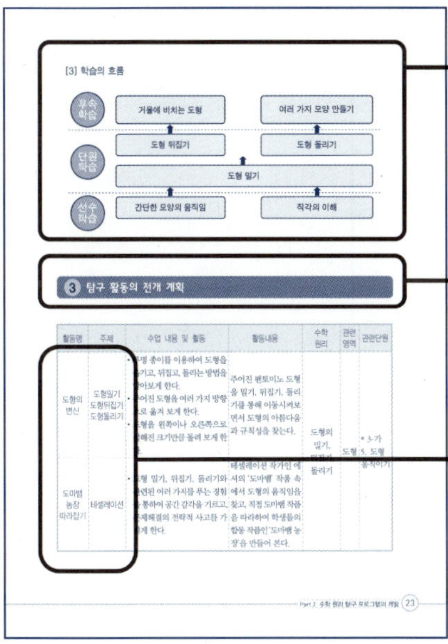

[3] 학습의 흐름

③ 탐구 활동의 전개 계획

활동명	주제	수업 내용 및 활동	활동내용	수학 원리	관련 영역	관련단원
도형의 변신	도형밀기 도형뒤집기 도형돌리기	• 투명 종이를 이용하여 도형을 옮기고, 뒤집고, 돌리는 방법을 알아보게 한다. • 주어진 도형을 여러 가지 방향으로 옮겨 보게 한다. • 도형을 왼쪽이나 오른쪽으로 정해진 크기만큼 돌려 보게 한다.	주어진 펜토미노 도형을 밀기, 뒤집기, 돌리기를 통해 이동시켜보면서 도형의 아름다움과 규칙성을 찾는다.	도형의 밀기, 뒤집기, 돌리기	도형	* 3-가 5. 도형 움직이기
도마뱀 농장 따라잡기	테셀레이션	• 도형 밀기, 뒤집기, 돌리기와 관련된 여러 가지를 푸는 경험을 통하여 공간 감각을 기르고, 문제해결의 전략적 사고를 가지게 한다.	테셀레이션 작가인 에셔의 '도마뱀' 작품 속에서 도형의 움직임을 찾고, 직접 도마뱀 작품을 따라하여 학생들의 합동 작품인 '도마뱀 농장'을 만들어 본다.			

Part 2 수학 원리 탐구 프로그램의 개발 23

학습의 흐름

탐구 활동의 전개 계획

활동별 학습 내용

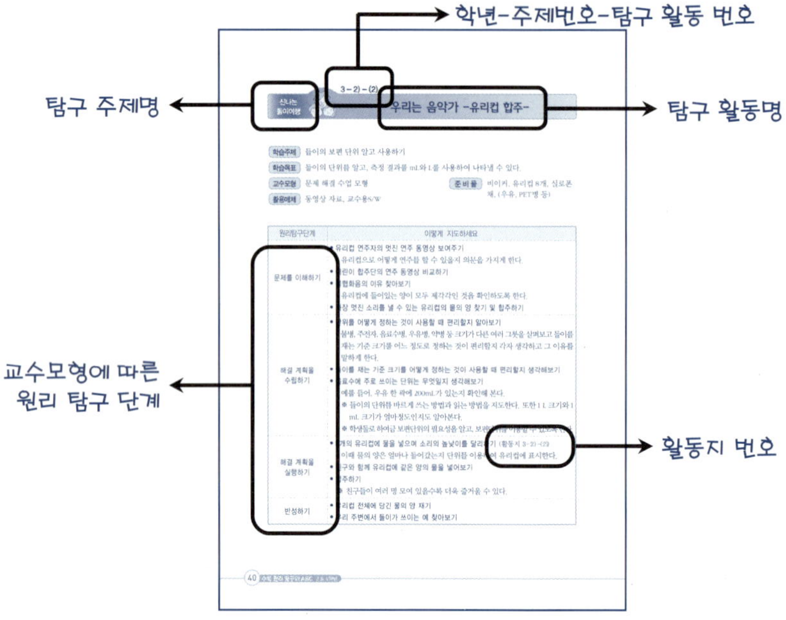

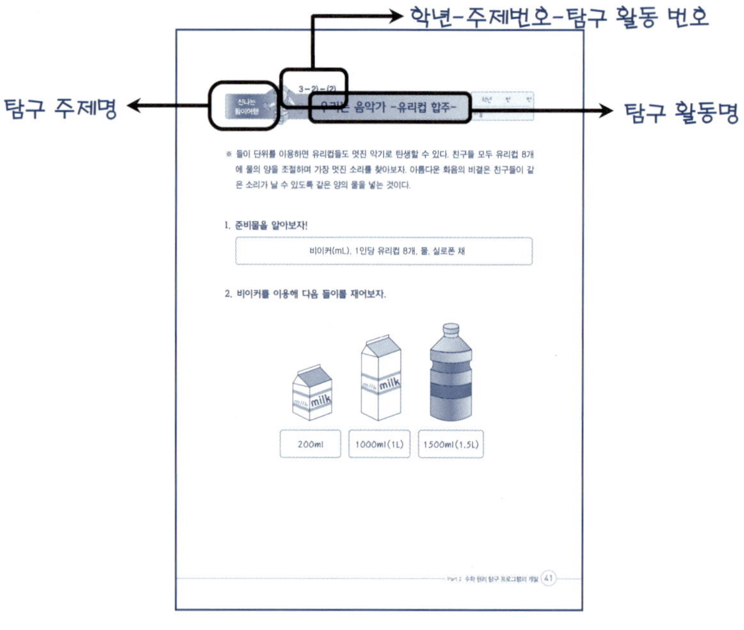

※ 부분 지도시 유의점

☞ 부분 수학적 개념 및 원리

2 5~6학년 수학 원리 탐구 프로그램 구성

학년	탐구주제	탐구활동	수학 원리	관련 영역
5	1) 생활 속의 규칙성	(1) 우리 주변의 규칙	-규칙성 찾기	규칙성과 함수
		(2) ISBN과 바코드		
	2) 크래커는 과자가 아니었다.	(1) 크래커 속의 수학	-다각형의 넓이	측정
		(2) 고대 생물을 추적하라!		
	3) 피보나치의 세계	(1) 피보나치?	-피보나치 수열과 황금비	규칙성과 함수
		(2) 식물 속의 피보나치 수		
		(3) 피보나치와 황금비		
		(4) 피보나치의 나선		
6	1) 부피로 하는 survival 게임	(1) 똘똘이스머프의 부피 구하기	-입체도형의 부피와 밀도의 개념	측정
		(2) 유리구슬 물에 띄우기		
		(3) Survival~ 부피가 가장 작은 배로 살아남기		
	2) 자료는 관리하기 나름!	(1) 나의 뇌 타입	-자료 분석	확률과 통계
		(2) 여행을 떠나요		
		(3) 인기 투표		
	3) Oz와 프랙탈	(1) 생활 속의 프랙탈	-프랙탈	규칙성과 함수
		(2) 허수아비의 눈송이		
		(3) 마녀의 모자		
		(4) 양철 나뭇꾼 옷 입히기		

Chapter 2 5학년 수학 원리 탐구 프로그램

1 5학년 프로그램 구성 개요

<table>
<tr><th>탐구주제</th><th>탐구활동</th><th>세부 내용</th><th>수학 원리</th><th>관련 영역</th></tr>
<tr><td rowspan="2">1) 생활 속의 규칙성</td><td>(1) 우리 주변의 규칙</td><td>• 우리 주변에서 찾을 수 있는 여러 가지 그림을 보고 규칙성 찾아보기</td><td rowspan="2">규칙성 찾기</td><td rowspan="2">규칙성과 함수</td></tr>
<tr><td>(2) ISBN과 바코드</td><td>• 책에 있는 바코드의 의미 알기
• ISBN과 바코드에 숨겨진 규칙 찾기
: ISBN의 규칙을 알아보고 적용해 보기</td></tr>
<tr><td rowspan="2">2) 크래커는 과자가 아니었다.</td><td>(1) 크래커 속의 수학</td><td>• 크래커로 다각형의 넓이 구하기
: Pick의 정리를 이용하여 도형의 넓이 구하기</td><td rowspan="2">다각형의 넓이 구하기</td><td rowspan="2">측정</td></tr>
<tr><td>(2) 고대 생물을 추적하라!</td><td>• 고대 생물의 발자국을 보고 어떤 생물인지 알아보기
: 고대 생물의 발자국을 Pick의 정리를 이용하여 넓이 구하기</td></tr>
</table>

<table>
<tr><th>탐구주제</th><th>탐구활동</th><th>세부 내용</th><th>수학 원리</th><th>관련 영역</th></tr>
<tr><td rowspan="4">3)
피보나치의 세계</td><td>(1)
피보나치?</td><td>• 파스칼의 삼각형 채우기
• 파스칼의 삼각형에 나타나는 규칙 찾기
: 파스칼의 삼각형에서 피보나치 수열 찾기</td><td rowspan="2">피보나치
수열과 황금비</td><td rowspan="2">규칙성과
함수</td></tr>
<tr><td>(2)
식물 속의
피보나치 수</td><td>• 식물의 잎에서 피보나치 수 찾기
: 꽃잎, 선인장, 해바라기 씨들에서 직접 피보나치 수 찾아보기
• 여러 가지 식물에 나타난 규칙 찾기</td></tr>
<tr><td>(3)
피보나치와
황금비</td><td>• 황금비와 피보나치 수열의 관계 알기
• 주변에서 피보나치의 황금비 찾기</td><td rowspan="2">피보나치
수열과 황금비</td><td rowspan="2">규칙성과
함수</td></tr>
<tr><td>(4)
피보나치의
나선</td><td>• 모눈 종이 준비하기
• 피보나치 수열의 규칙에 따가 대각선 그리기
• 피보나치 나선 그려보기</td></tr>
</table>

2 5학년 프로그램의 실제

1) 생활 속의 규칙성

5-1)-(1) 우리 주변의 규칙

5-1)-(2) ISBN과 바코드

2) 크래커는 과자가 아니었다

5-2)-(1) 크래커 속의 수학

5-2)-(2) 고대 생물을 추적하라!

3) 피보나치의 세계

5-3)-(1) 피보나치?

5-3)-(2) 식물 속의 피보나치 수

5-3)-(3) 피보나치와 황금비

5-3)-(4) 피보나치의 나선

5－1)

생활 속의 규칙성

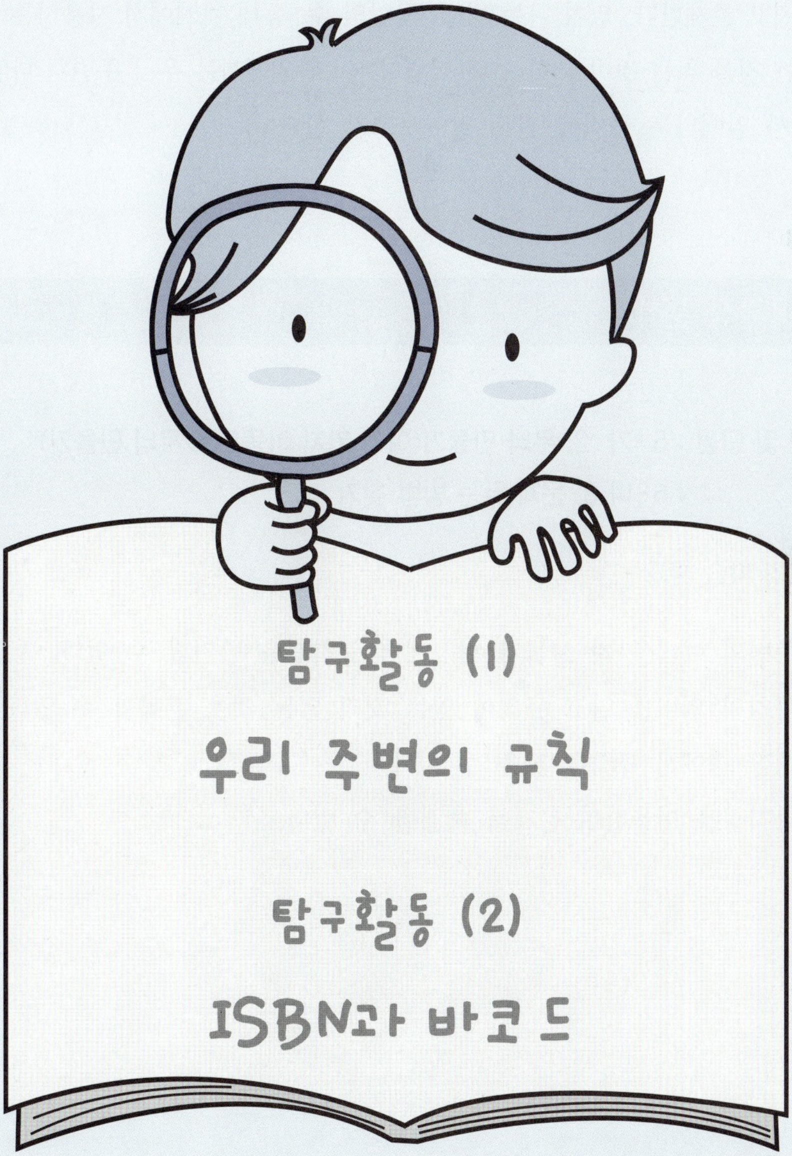

1 탐구 활동 개요

'규칙성'하면 우선 떠오르는 것은 여러 가지 무늬이다. 5학년에서도 한 가지 무늬를 밀기, 뒤집기, 돌리기 등의 방법을 이용하여 새로운 무늬를 만들어 본다. 그런 규칙성은 단지 모양이나 문양, 즉 무늬에만 있는 것이 아니다. 우리 주변의 대부분의 것들이 어떤 규칙을 가지고 존재한다. 잎이 나는 방법, 꽃잎의 수, 동네 가게에서 사용하는 바코드까지 규칙이 없는 것을 찾는 것이 오히려 더 어렵다. 이 단원에서는 우리 주변의 다양한 사물이나 현상에서 일어나는 규칙에 관해 알아보고자 한다.

2 교육과정 분석

[1] 학년 및 단원 : 5-가 2. 무늬 만들기(여러 가지 이동으로 무늬 만들기)
6-나 8. 문제 푸는 방법 찾기

[2] 단원의 학습 목표

① 주변의 여러 가지 사물과 현상에서 규칙성을 발견할 수 있다.
② 규칙의 의미를 알고 규칙이 있는 것과 없는 것을 분류할 수 있다.
③ 생활 속에서 규칙을 찾을 수 있다.
④ 규칙성을 이용하여 문제를 해결할 수 있다.

[3] 학습의 흐름

후속 학습

규칙과 대응

↑

단원 학습

올림이 있는 (두 자리 수) X (두 자리 수)의 계산

↑

규칙을 이용하여 문제 해결하기

↑

실생활의 규칙 알아보기

↑

주변에서 규칙성 찾기

↑

선수 학습

여러 가지 이동으로 무늬 만들기

3 탐구 활동의 전개 계획

활동명	주제	수업 내용 및 활동	활동내용	수학 원리	관련 영역	관련 단원
우리 주변의 규칙	주변에서 규칙 찾기	• 내 주변에서 규칙적인 것 찾기 • 규칙적인 것과 규칙적이지 않은 것 분류하기	주변에서 찾아볼 수 있는 규칙 알아보는 활동을 한다.	규칙성 찾기	규칙성과 함수	* 5-가 2. 무늬 만들기 * 6-나 8. 문제 푸는 방법 찾기
ISBN과 바코드	실생활의 규칙 (ISBN)	• ISBN을 통해 실생활에 사용되는 규칙 알아보기	ISBN과 바코드 속에 숨겨진 규칙 찾기 활동을 한다.			

4 탐구 활동의 실제

생활 속의 규칙

5 – 1) – (1)

우리 주변의 규칙

학습주제 규칙 찾기

학습목표 우리 주변의 사물에서 규칙을 발견할 수 있다.

교수모형 개념 형성 수업 모형

준 비 물 다양한 주변의 사진 자료, 활동지

활용매체 ppt, 교수용 S/W

원리탐구단계	이렇게 지도하세요
범례제시하기	• ppt로 사진 자료 제시 - 학생들은 사진을 하나하나 보며 어떤 공통점이 있나 생각해 본다. • 사진을 본 후 자신의 생각을 발표한다. ※ 사진 자료는 규칙성이 있는 것과 규칙성이 없는 것을 섞어서 제시한다. ※ 자신이 생각한 것을 자신 있게 발표할 수 있도록 긍정적인 분위기를 조성한다. ※ 교사가 원하는 답이 이미 나왔더라도 학생들의 다양한 생각을 들어보는 시간을 갖는다.
범례분류하기	• ppt에 제시된 자료를 보며 기준을 세워 분류하기 ▶ **활동지 5-1)-(1) 1번** ※ 여러 가지 기준이 있겠지만 이때는 앞에서 학생들이 '규칙'이라는 것을 생각해내게 유도한 다음 '규칙적인 것'과 '규칙적이지 않은 것'으로 분류할 수 있도록 한다. ※ 모양이나 문양에만 규칙이 있는 것이 아니라 숫자에도 규칙이 있을 수 있음을 알도록 한다.
공통의 성질 추상화하기	• 분류한 그림을 보며 어떤 공통점이 있는지 생각해 보기 ▶ **활동지 5-1)-(1) 2번**
개념도입하기	• 규칙성에 관하여 알려주고 우리 주변의 대부분의 사물이나 현상, 자연이 규칙 속에서 형성되어 있음을 깨닫게 한다. ☞ 규칙이란 일정한 질서를 의미하며 이것이 반복적으로 사용되는 것이다.
개념익히기	• 다양한 그림을 보며 그 속에 있는 규칙을 찾기 ▶ **활동지 5-1)-(1) 3번** ※ 자연 속의 법칙, 주변의 법칙, 수열 등을 제시하여 스스로 규칙을 찾을 수 있는 기회를 제공한다.

생활 속의 규칙

5 – 1) – (1)

우리 주변의 규칙

학년 반 번

이름

◎ 다음 그림을 보고 생각해 보자.

(1)

(2)

(3)

(4)

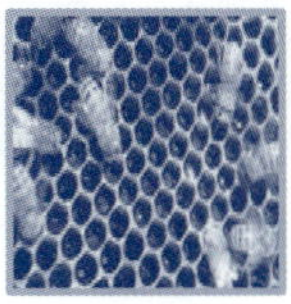
(5)

(6)

(7)

1. 위의 그림을 기준을 세워 두 가지로 분류해 보자.

1) 내가 세운 기준 : 공통의 무늬가 있는 것과 없는 것

2) 내가 세운 기준에 따라 그림을 분류해 보자.

가) 공통 무늬가 있는 것	나) 공통 무늬가 없는 것
(2), (3), (5), (7)	(1), (4), (6)

2. 위에서 분류한 무리들의 공통점은 무엇일까?

가)의 공통점 : 똑같은 것이 반복되어 있다.

나)의 공통점 : 자유롭게 그린 것 같다.

3. 다음의 규칙을 찾아보자.

(1)

(2)

1	3	5	7	9	11	13	15	17

(3)

(1)의 규칙 : 가로로 된 큰 판의 모양이 같다.

(2)의 규칙 : 꽃잎의 개수가 같다.

(3)의 규칙 : 2씩 커지는 숫자다.

생활 속의 규칙

5 – 1) – (2)

ISBN과 바코드

학습주제 ISBN의 규칙

학습목표 ISBN에서 규칙을 찾을 수 있다.

준 비 물 책의 ISBN, 활동지, 계산기

교수모형 문제 해결 학습 모형

활용매체 ppt

원리탐구단계	이렇게 지도하세요
새로운 문제 상황	• 새로운 문제 상황 제시 ▶ **활동지 5–1)–(2)** - 서점에서 책을 산 예린이와 이모. 이모는 영어로 된 외국 서적을 구입했고 예린이는 우리나라에서 나온 책을 구입했다. 그런데 둘 다 비슷한 바코드가 붙어있었다. 그것은 무엇일까?
문제해결방법 생각하기	• 바코드를 자세히 관찰하여 어떤 것으로 이루어져있는지 알아보기 ▶ **활동지 5–1)–(2) 1번** - 검은 색 줄무늬, 흰 여백, 숫자, 하이폰(-) 등 • 각각의 의미가 어떤 것일지 예상해 보기 ▶ **활동지 5–1)–(2) 2번** -숫자와 줄무늬는 무엇을 의미할까? • 자신의 생각 발표하기 ※ 학생들이 직접 관찰하도록 한다. ※ 학생들에게 문제를 해결하게 하기위해 흥미를 끄는 과정이므로 정확한 답을 찾도록 강요하지 않는다. ※ 자신이 가지고 있는 책의 바코드를 관찰할 기회를 주어 공통점을 찾아보게 한다. 예를 들어 제조국이 우리나라일 경우 나라를 의미하는 자리의 숫자가 같을 수 있다.
문제해결하기	• ISBN과 바코드의 의미, 체크 방법을 알려주기 ▶ **활동지 5–1)–(2) 3번** - ISBN 89-544-0137-6을 생각해 보자. 처음 9개의 숫자에 순서대로 10부터 2까지 곱한 다음 합하여 보자. 그러면 280이 나온다. 이 경우 ISBN의 마지막 숫자는 280으로부터 가장 가까운 11의 배수를 만들기 위한 음(-)이 아닌 수이다. 즉, 280에 마지막 수를 더해서 11의 배수가 나와야 한다.

원리탐구단계	이렇게 지도하세요
문제해결하기	- 체크 방법 : ISBN은 모든 개별적인 오류를 식별하고, 순서가 뒤바뀐 오류도 식별한다. 예를 들어, ISBN 89-544-0137-6을 ISBN 89-544-9137-6으로 잘못 전송했다고 하자. 그러나, 잘못 보낸 것은 계산된 숫자의 합이 325이므로 체크 숫자는 5가 되어야 한다. 그러므로 체크 숫자를 6으로 전송하면 받아들여지지 않아, 오류가 생겼음을 인식하게 된다. ● 예린이가 산 책의 바코드의 숫자를 보고 규칙에 맞게 체크해 보기 ▶ **활동지 5-1)-(2) 4번** ※ 학생들이 직접 규칙을 찾는 것이 아니라 규칙을 적용해 보는 것이므로 학생들에게 숫자의 의미를 정확하게 알아내게 하는 데에 시간을 낭비하지 않도록 한다. ☞ 국제표준도서번호 ISBN(International Standard Book Number)은 10자리 숫자로 이루어져 있고 크게 4개의 부분으로 분류할 수 있다. 첫째 부분은 출판 국가, 둘째 부분은 출판사 번호, 셋째 부분은 출판사 내의 책 번호, 그리고 마지막 부분은 체크 숫자이다. 첫째 부분은 한 자리나 두 자리 숫자로 되어 있으며 출판사의 언어 영역을 나타낸다. 영어권 국가는 0이나 1, 프랑스어는 2, 독일어는 3, 그리고 한국은 89이다.
검토하기	● 자신이 가지고 있는 책의 ISBN 번호를 찾아 체크번호 확인해 보기 ▶ **활동지 5-1)-(2) 5번** ※ 계산이 복잡해질 수 있으므로 계산기를 사용하도록 한다.

5-1)-(2)

ISBN과 바코드

학년 반 번

이름

◎ 주말을 맞아 예린이는 이모와 함께 서점에 가서 책을 샀다. 이모는 영어로 된 책을 샀고 예린이는 우리나라에서 출판된 책을 샀다. 집에 와서 함께 새로 구입한 책을 꺼내 놓았는데, 두 사람의 책에 공통된 것이 붙어있었다. 바로 바코드였다.

(이모의 책)

23060
9 788996 034605
ISBN 978-89-960346-0-5

(예린이의 책)

1. 위에 제시된 바코드는 무엇으로 이루어져 있는지 관찰해 보자.

세로의 가는 선

2. 그것들이 의미하는 것은 무엇인지 친구들과 간단히 이야기해 보자.

물건을 나타내는 사람의 주민등록증 같은 것이다.

3. ISBN 뒤에 나오는 숫자들은 다음과 같다.

ISBN 뒤에 나오는 숫자의 규칙

국제표준도서번호 ISBN(International Standard Book Number)은 10자리 숫자로 이루어져 있고 크게 4개의 부분으로 분류할 수 있다. 978은 도서를 의미하고 그 뒤에 나오는 숫자부터 첫째 부분은 출판 국가, 둘째 부분은 출판사 번호, 셋째 부분은 출판사 내의 책 번호, 그리고 **마지막 부분은 체크 숫자**이다. 첫째 부분은 한 자리나 두 자리 숫자로 되어 있으며 출판사의 언어영역을 나타낸다. 영어권 국가는 0이나 1, 프랑스어는 2, 독일어는 3, 그리고 한국은 89이다.

(978은 생각하지 않는다.) 처음 9개의 숫자에 순서대로 10부터 2까지 곱한 다음 합하여 보자. 이 경우 ISBN의 마지막 숫자는 계산된 수로부터 가장 가까운 11의 배수를 만들기 위한 음(-)이 아닌 수이다. 즉, 9개의 숫자에 순서대로 10부터 2까지 곱한 다음 합한 수에 마지막 수를 더해서 11의 배수가 나와야 한다.

예) ISBN 89-544-0137-6을 생각해 보자. 처음 9개의 숫자에 순서대로 10부터 2까지 곱한 다음 합하여 보자. 그러면 280이 나온다. 이 경우 ISBN의 마지막 숫자는 280으로부터 가장 가까운 11의 배수를 만들기 위한 음(-)이 아닌 수이다. 즉, 280에 마지막 수를 더해서 11의 배수가 나와야 한다. 그러므로 마지막 수는 6이 되는 것이다.

4. 예린이가 산 책의 ISBN 숫자를 위와 같은 규칙으로 계산해 보고 마지막 체크 숫자가 맞는지 확인해 보자.

5. 자신의 책에 있는 ISBN 숫자를 보고 규칙에 맞는지 체크 숫자를 확인해 보자.

5 – 2)

크래커는 과자가 아니었다

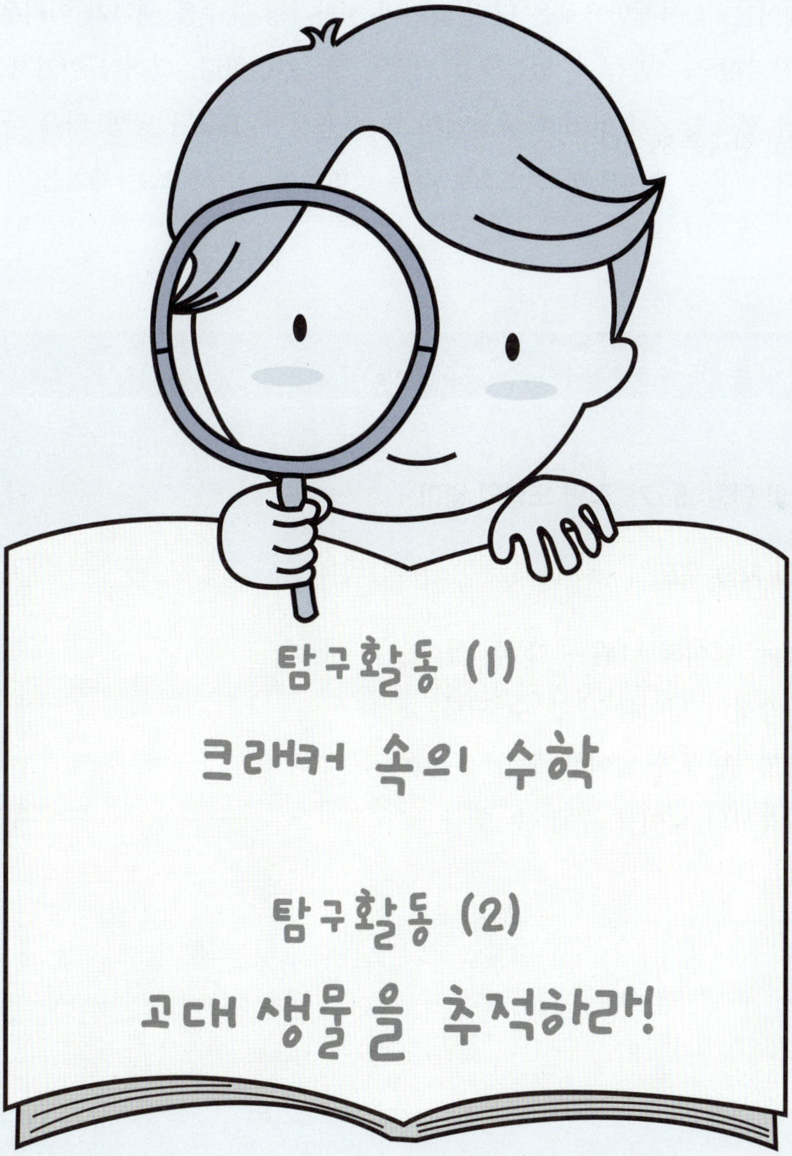

1 탐구 활동 개요

어떤 도형의 넓이를 측정한다는 것은 단위 넓이인 정사각형으로 그 도형을 완전히 덮을 수 있는 정사각형의 개수를 세어보는 것이다. 직사각형의 넓이는 직사각형을 완전히 덮을 수 있는 단위 넓이인 정사각형의 개수를 세는 과정에서 (가로)×(세로)로 구할 수 있다. 삼각형의 넓이는 그 자체만으로는 단위 넓이의 정사각형 개수를 세기가 어려우므로 어떻게 하면 직사각형으로 만들 수 있는지를 깨달을 수 있게 한다. 그러나 여기서는 이 방법 외에 'Pick의 정리'를 사용하여 학생들에게 늘 사용하던 고정된 방법 외에 다른 방법이 있을 수 있다는 것을 깨닫게 하고 스스로 다른 방법을 찾아 구해보는 체험을 하도록 한다.

2 교육과정 분석

[1] 학년 및 단원: 5-가. 평면 도형의 넓이

[2] 단원의 학습 목표

① 넓이, 넓이의 단위를 알 수 있다.
② 사각형의 넓이를 구할 수 있다.
③ 평행사변형의 넓이를 구할 수 있다.
④ 삼각형의 넓이를 구할 수 있다.

[3] 학습의 흐름

후속 학습	각기둥의 겉넓이
단원 학습	삼각형의 넓이
	평행사변형의 넓이
	직사각형의 넓이
선수 학습	넓이, 넓이의 단위

3 탐구 활동의 전개 계획

활동명	주제	수업 내용 및 활동	활동내용	수학 원리	관련 영역	관련 단원
크래커 속의 수학	Pick의 정리	• 크래커로 다각형의 넓이 구하기 : Pick의 정리를 이용하여 도형의 넓이 구하기	• 크래커 위의 구멍을 이용해 넓이를 구하는 방법을 안다. • Pick의 정리를 이용해 여러 도형의 넓이를 구해본다.	다각형의 넓이 구하기	측정	* 5-가 6. 평면 도형의 둘레와 넓이
고대 생물을 추적하라!	여러 가지 도형의 넓이	• 고대 생물의 발자국을 보고 어떤 생물인지 알아보기 : 고대 생물의 발자국을 Pick의 정리를 이용하여 넓이 구하기	• Pick의 정리를 이용해 원시 생물의 발자국의 넓이를 구한다. • 원시 생물의 발자국의 크기를 이용해 원시 생물의 종류를 찾는다.			

4 탐구 활동의 실제

5 – 2) – (1)

크래커는 과자가 아니었다

크래커 속의 수학

학습주제 Pick 의 정리

학습목표 크래커를 활용해 Pick의 정리를 사용할 수 있다.

교수모형 원리 탐구 수업 모형

준 비 물 참크래커, 자, 계산기, 활동지, 사인펜

활용매체 실물 화상기

원리탐구단계	이렇게 지도하세요
새로운 문제 상황 제시	• 실물 화상기 위에 참크래커 하나를 올려 놓기 ▶ **활동지 5-2)-(1)** • 학생들에게 크래커의 넓이를 어떻게 구할 수 있을까 생각해보기 • 여러 가지 방법을 생각해 보고 발표하기 ※ 처음부터 크래커를 나누어 주면 학습에 집중할 수 없으므로 이 단계에서는 실물 화상기로만 제시한다. ※ 학생들이 다양한 도구를 이용하여 계산할 수 있도록 돕는다. ※ 보통 자로 크래커의 길이를 재어 넓이를 구하는 방법을 사용할 것이므로 다른 방법을 사용하도록 권장한다. ※ 참크래커 여러 개를 붙여 나중에 활용하기 편하도록 만들어 놓는다.
수학적 원리의 필요성 인식	• 학생들이 제시한 방법으로 크래커의 전체의 넓이를 구하여 답을 제시하기 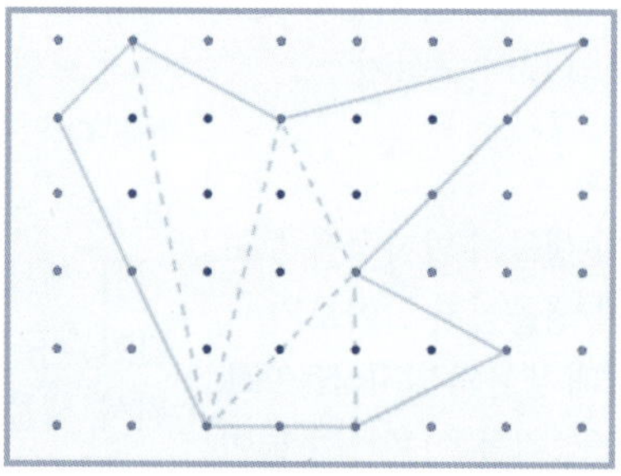

원리탐구단계	이렇게 지도하세요
수학적 원리의 필요성 인식	• 이번에는 크래커 위에 사인펜으로 다각형 그리고, 실물 화상기로 시범 보이기 • 될 수 있으면 복잡한 도형을 그려보기 • 그 도형의 넓이를 구할 수 있는 지 묻기 ※ 단, 격자점 사이의 간격을 1로 놓고 계산하도록 한다.
학습할 원리가 내재된 조작 활동	• 학생들에게 모눈종이를 나누어 주고 선생님이 그린 것과 똑같이 그리기 • 나누어준 크래커 위에 사인펜으로 다각형을 직접 그린 후 넓이를 구하기 ※ 학생들은 여기서 도형을 위와 같이 삼각형과 사각형으로 나누어 넓이를 구할 수 있다. ※ 일반 공식으로는 계산이 복잡하다는 것을 알려주기 위한 일종의 전략이므로 포기하는 학생이 있어도 넓이를 끝까지 구하도록 종용하지 않는다. • 학생들이 여러 가지 방법으로 넓이를 구하여 제시하면 선생님은 Pick의 정리로 간단하게 답을 구하는 과정을 보여주기 ☞ Pick의 정리: 다각형의 넓이 = 도형 안에 있는 격자점의 수 + 도형의 경계 위에 있는 점의 수 -1
수학적 원리의 형식화	• Pick의 정리를 정확하게 제시하기 **다각형의 넓이 = 도형 내부의 점의 수 + (도형의 경계 위에 있는 점의 수 ÷ 2) − 1** • 간단한 도형을 그려 예를 들어 풀어 보기 ※ 이 때 굳이 'Pick의 정리'라는 용어는 사용하지 않아도 된다.
익히기 및 적용하기	• 모눈종이 위에 복잡한 다각형을 그리게 한 후 Pick의 정리를 이용해 넓이를 구해보도록 하기 ※ 간단한 도형은 굳이 Pick의 정리를 이용하지 않아도 쉽게 넓이를 구할 수 있으므로 될 수 있으면 여러 가지 모양의 다각형을 그려 넓이를 구해보도록 안내한다.

크래커는 과자가 아니었다

5 – 2) – (1)

크래커 속의 수학

학년 반 번

이름

◎ 다음 크래커를 보고 생각해 보자.

1. 위 크래커가 직사각형인 경우 넓이는 몇이 될까?

(단, 점 사이의 간격은 1로 생각한다.)

100

2. 선생님이 크래커 위에 다음과 같은 그림을 그렸다. 다각형의 넓이는 어떻게 구할 수 있으며 얼마인지 다양한 방법으로 구해보자.

(단, 점 사이의 간격은 1로 생각한다.)

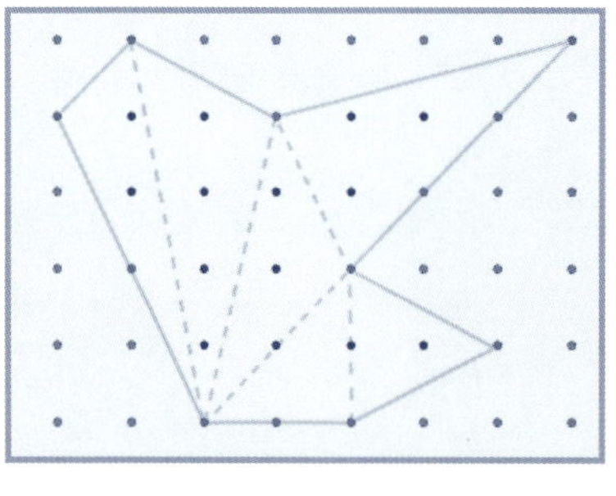

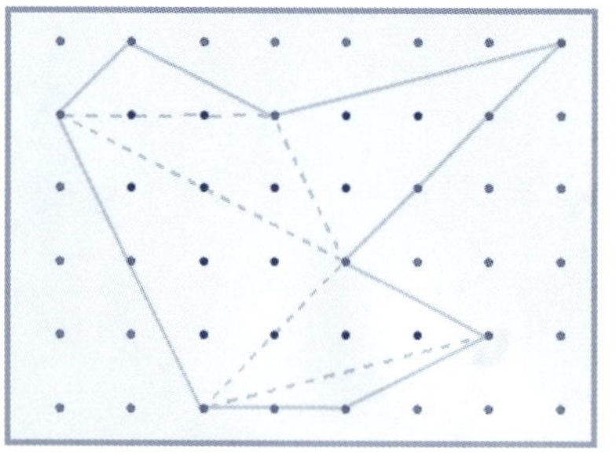

삼각형의 넓이 공식을 사용하여 6가지 삼각형의 넓이를 더한다.

3. 다음의 방법을 사용하여 위 도형의 넓이를 구해보자.

다각형의 넓이 = 도형 내부의 점의 수 + (도형의 경계 위에 있는 점의 수 ÷ 2) – 1

❶ 12 + 6 – 1 = 17 ❷ 10 + 6 – 1 = 15

4. 내가 한 방법과 위에 제시된 방법 중 어떤 것이 더 간단할까? 모눈종이 위에 여러 다각형을 그려보고 위와 같은 방법으로 넓이를 구해보자.

예)

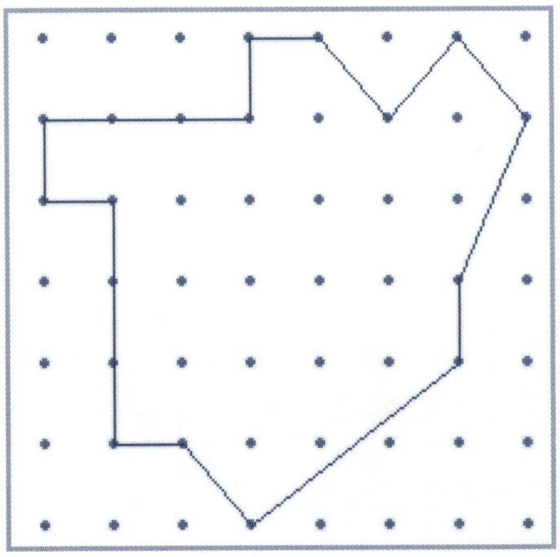

3번의 공식대로 하면 훨씬 편하다.

크래커는 과자가 아니었다

5 – 2) – (2)

고대 생물을 추적하라!

학습주제 Pick 의 정리 적용

학습목표 Pick의 정리를 고대 생물의 화석 발자국의 넓이를 구할 수 있다.

교수모형 문제 해결 학습 모형

준 비 물 활동지, 자, 연필, 계산기

활용매체 ppt, 실물화상기, 모눈종이, 계산기

원리탐구단계	이렇게 지도하세요
문제를 이해하기	• 문제 제시 ▶ **활동지 5-2)-(2)** - 고고학자들이 화석을 발견했다. 화석에는 어떤 동물의 발자국이 있는데, 어떤 동물인지 알 수가 없었다. 지금까지의 자료를 찾아보니 동물 발자국의 모양과 넓이로 어떤 동물인지 추측할 수 있다고 한다. 과연 이 동물은 어떤 동물일까? 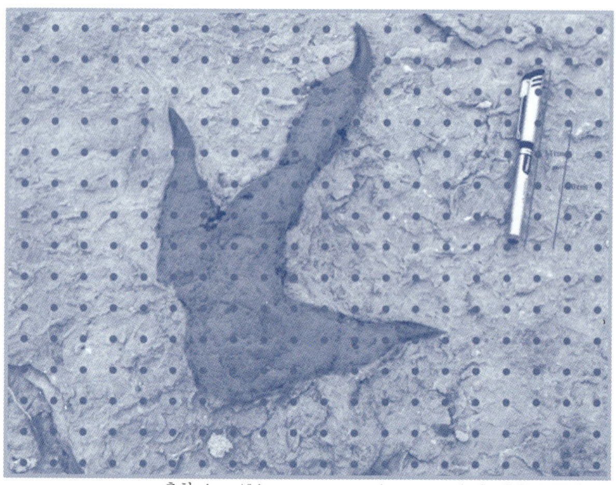 출처 : http://blog.mrmeyer.com/wp-content/uploads/080228_4.jpg ※ 어떤 동물인지 먼저 알아맞히는 모둠에게 크래커를 제공한다.
문제 해결 계획을 수립하기	• 동물의 발자국이 다각형이 아님을 인식하기 • Pick의 정리를 이용하든, 삼각형과 사각형으로 나누어서 넓이를 구하든 직선으로 이루어진 형이어야 한다. • 학생들에게 대략적인 넓이를 구해도 된다고 알려주고 곡선인 부분은 직선으로 만들어 다각형의 모양을 만들게 하기 ▶ **활동지 5-2)-(2) 1번**

원리탐구단계	이렇게 지도하세요
문제 해결 계획을 수립하기	• 모둠별로 협의하여 간단하고 정확한 방법을 찾아보도록 하기 ※ 학생들이 직접 여러 방법을 생각해 보도록 안내한다. ※ 다각형으로 발자국을 수정할 때에는 자를 이용하도록 한다.
해결 계획을 실행하기	• 삼각형과 사각형으로 나누어 하기 ▶ **활동지 5-2)-(2) 2번** • Pick의 정리를 이용하여 계산하기 • 부분으로 나누어 도형의 넓이를 구하는 방법과 Pick의 정리를 동시에 이용하기 ※ 복잡한 계산을 할 때는 계산기를 이용하도록 한다. ※ 모둠원 중 한 사람이 계산하는 것이 아니라 다 같이 모양을 여러 개로 나누어 계산하도록 안내한다.
반성하기	• 자신의 모둠에서 해결한 방법을 나와서 발표하고 검토 ▶ **활동지 5-2)-(2) 3번** ※ 여러 모둠의 계산 방법을 비교해 보고 가장 간단하고 정확한 방법을 찾는 시간을 갖는다.

크래커는 과자가 아니었다

5-2)-(2)

고대 생물을 추적하라!

학년 반 번

이름

◎ 고고학자들이 화석을 발견했다. 화석에는 알 수 없는 동물의 발자국이 있는데, 어떤 동물인지 알 수가 없었다. 지금까지의 자료를 찾아보니 동물 발자국의 모양과 넓이로 어떤 동물인지 추측할 수 있다고 한다. 과연 이 동물은 어떤 동물일까?

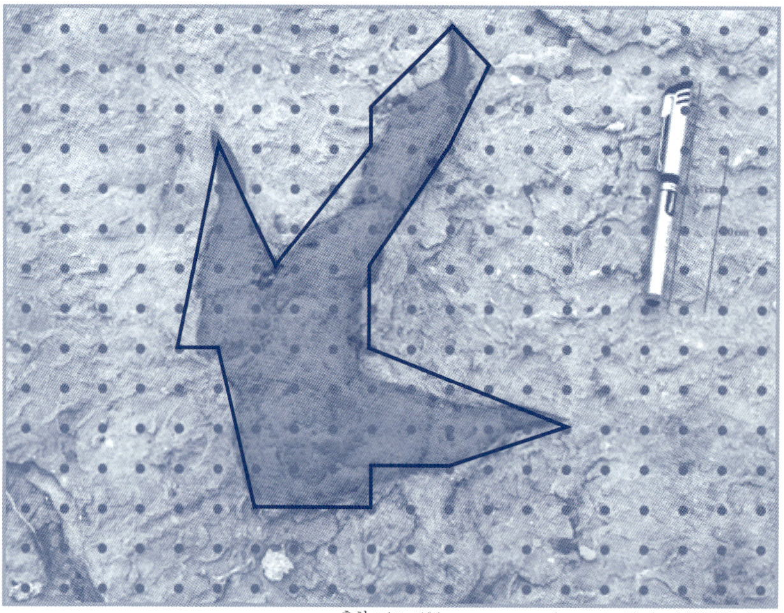

출처 : http://blog.mrmeyer.com/wp-content/uploads/080228_4.jpg

1. 위 발자국을 모양의 변화를 최소화 하되, 다각형으로 만들어 보자.

2. 다양한 방법을 이용하여 위 발자국의 넓이를 구해보자.
(점 사이의 간격은 1로 한다.)

1) 우리 모둠이 사용한 방법 :

다각형의 넓이 = 도형 내부의 점의 수 + (도형의 경계 위에 있는 점의 수 ÷ 2) - 1

2) 식 : 36 + (26 ÷ 2) -1

3) 답 : 48

3. 위에 계산한 발자국의 넓이값을 보고, 어떤 동물인지 맞혀보자.

익룡
46-50

화식조
51-55

카스토르니스
56-60

5-3)

피보나치의 세계

탐구활동 (1) : 피보나치?

탐구활동 (2) : 식물 속의 피보나치 수

탐구활동 (3) : 피보나치와 황금비

탐구활동 (4) : 피보나치의 나선

1 탐구 활동 개요

피보나치수열에서 연속한 항들의 비를 택하면 다음과 같은 수열을 얻을 수 있다. 1/1 (=1), 2/1 (=2), 3/2 (=1.5), 5/3 (≒1.667), 8/5 (=1.6), 13/8 (≒1.625), 21/13 (≒1.615), 34/21 (≒1.619), 55/34(≒1.618), 89/55(≒1.618), … 그런데 이 이 수열의 극한은 실제로 황금비 ($\sqrt{5}$ + 1) / 2로 이어진다. 그리고 피보나치수열의 수는 식물, 동물, 우주 등 모든 자연에서 찾아볼 수 있고, 황금비는 사람들이 가장 안정을 느끼고 아름답다고 느끼는 비이다. 즉, 피보나치수열과 황금비는 인간을 포함한 우주의 질서를 발견한 것이라고도 할 수 있다. 이 단원에서는 학생들이 피보나치수열의 의미와 그 원리를 식물에서 찾아보고, 황금비와 어떤 관계가 있는지 실생활에 쓰인 황금비는 어떤 것이 있는지 알아본다.

2 교육과정 분석

[1] 학년 및 단원 : 6-가 6. 비와 비율
6-가 7. 비례식

[2] 단원의 학습 목표

① 비례식을 이해한다.
② 비의 성질을 이해하고, 이를 이용할 수 있다.
③ 비례식의 성질을 이해하고, 비례식의 미지항의 값을 구할 수 있다.
④ 비례식을 이용하여 문제를 풀 수 있다.

[3] 학습의 흐름

후속 학습
- 일차 함수

단원 학습
- 재미있는 문제 풀이
- 비례식의 성질 이해와 적용
- **비의 성질 이해와 적용**
- 비례식의 개념 알기

선수 학습
- 간단한 대응표를 보고 규칙 찾기

3 탐구 활동의 전개 계획

활동명	주제	수업 내용 및 활동	활동내용	수학 원리	관련 영역	관련 단원
피보나치?	파스칼의 삼각형과 피보나치 수열	• 파스칼의 삼각형의 규칙 찾기 • 파스칼의 삼각형에서 피보나치수열의 규칙 찾기	• 파스칼의 삼각형의 규칙을 찾는다. • 파스칼의 삼각형에서 피보나치수열의 규칙을 찾는다.	피보나치 수열과 황금비	규칙성과 함수	* 6-가 6. 비와 비율 7. 비례식
식물 속의 피보나치 수	자연 속의 피보나치	• 자연물을 관찰하고 피보나치 수를 찾기	• 자연물을 관찰하고 피보나치 수를 찾는다.			

활동명	주제	수업 내용 및 활동	활동내용	수학 원리	관련 영역	관련 단원
피보나치와 황금비	황금비	• 우리 주변의 여러 사물의 길이를 직접 재어 보고 그 속에 숨은 비를 구하기 • 황금비의 의미를 알아보기	• 우리 주변의 여러 사물의 길이를 직접 재어 보고 그 속에 숨어있는 비를 구해본다. • 황금비의 의미를 알아본다.	피보나치 수열과 황금비	규칙성과 함수	* 6-가 6. 비와 비율 7. 비례식
피보나치의 나선	앵무조개 그리기	• 모눈종이를 이용해 피보나치 수 나타내기 • 피보나치의 수로 앵무조개 그리기	• 모눈종이를 이용해 피보나치 수를 나타낸다. • 피보나치의 수로 앵무조개를 그려본다.			

피보나치의 세계

5 – 3) – (1)

피보나치?

학습주제 피보나치수열

학습목표 파스칼의 삼각형을 이용해 피보나치수열을 구할 수 있다.

교수모형 문제 해결 수업 모형 **준 비 물** 필기도구, 활동지, 색연필

활용매체 PPT

원리탐구단계	이렇게 지도하세요
문제를 이해하기	• 실물 화상기 위에 파스칼의 삼각형을 써 넣을 수 있는 그림을 올려놓기 ▶ **활동지 5-3)-(1) 윗부분** • 학생들에게 숫자가 채워지는 방법을 생각해 보도록 시간을 주기 • 여러 가지 방법을 생각해 보고 발표하기 ※ 시간이 너무 지나지 않도록 어느 정도 시간이 흘러도 답이 없으면 교사가 힌트를 제공한다. ※ 학생들이 다양한 생각을 발표할 수 있는 기회를 주고 답이 아닐 경우에는 반례를 찾아서 아님을 알려준다. • 파스칼의 삼각형 완성 후, 피보나치 수를 찾는 문제를 제시하기 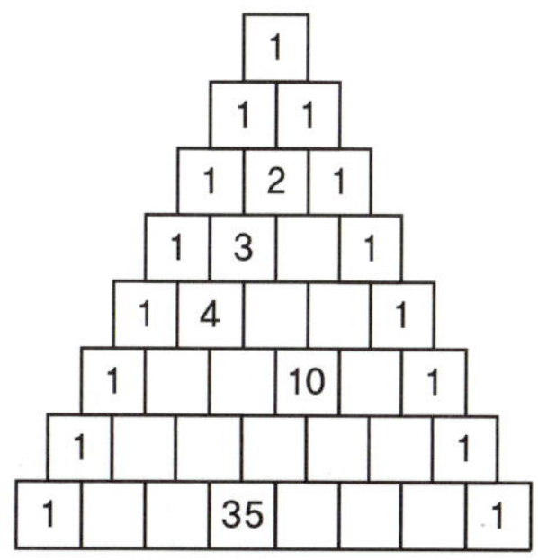
문제 해결 계획을 수립하기	• 그림에 제시된 방법이 어떻게 나온 것인지 찾아보기 ▶ **활동지 5-3)-(1) 아랫부분** • 가로, 세로, 대각선 등에 쓰여 있는 숫자를 더하며 방법을 찾기 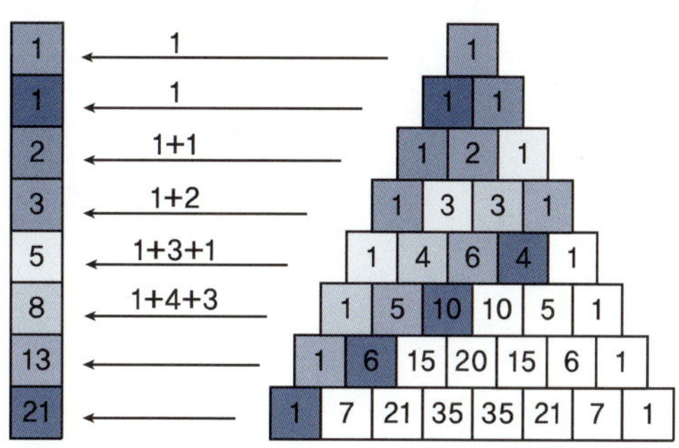

원리탐구단계	이렇게 지도하세요
해결 계획을 실행하기	• 왼쪽의 답이 나오는 방법을 찾은 후, 더해야 하는 숫자끼리 색칠을 하며 더해보기 • 나누어준 크래커 위에 사인펜으로 다각형을 직접 그린 후 넓이를 구하기 ※ 색연필로 더해야할 수를 색칠할 때 학생들이 혼란스러워할 수 있으므로 '대각선'보다는 '왼쪽 아래' 내지는 '오른쪽 아래'에 있는 수로 표현한다. ※ 다른 색깔의 색연필을 사용하여 더해야하는 수끼리 같은 색으로 칠하면 나중에 구별하기가 쉽다. ☞ 피보나치수열 : 피보나치는 어느 날 집에서 기르던 토끼가 새끼를 번식하는 과정을 보면서 다음과 같은 문제에 관심을 갖게 됐다. 〈가령 한 농장에서 갓 태어난 암수 한 쌍의 토끼가 사육됐다고 하자. 새로 난 토끼 1쌍은 두 달 뒤부터 매달 암수 새끼 1쌍을 낳는다면, 1년 동안 토끼는 암수 몇 쌍으로 불어나는가?〉 이 문제를 풀어보면, 먼저 토끼가 갓 태어난 새끼 한 쌍으로 시작했기 때문에 1개월 및 2개월 동안은 새끼 1쌍이 그대로 있고 셋째 달에 암수 새끼 1쌍을 낳았기 때문에 총 암수 2쌍이 된다. 넷째 달에 암수 어미 한 쌍이 또 암수 1쌍을 낳아 총 3쌍이 되고, 다섯 째 달에는 어미가 또다시 1쌍을 낳고, 새끼도 어른이 되어 1쌍을 분만해 총 5쌍이 된다. 매달 암수 쌍의 수를 수열로 나열하면 1, 1, 2, 3, 5, 8, 13, 21, 34, 55, 89.. 이 되는데 이것이 바로 피보나치수열인 것이다.
반성하기	• 나와서 발표해 보며 다른 친구들과 같은지 확인해 보기 ※ 실물 화상기를 이용하여 학생이 한 것을 직접 보여주며 설명하면 이해가 쉽다.

피보나치의 세계

5 – 3) – (1)

피보나치

학년 반 번

이름

◎ 다음 □안에 내가 생각한 수를 넣어보자.

1
1 1
1 2 1
1 3 3 1
1 4 6 4 1
1 5 10 10 5 1
1 6 15 20 15 6 1
1 7 21 35 35 21 7 1

1. 어떤 규칙이 있는지 설명해 보자.

가로줄의 제일 끝은 1이다.

네모칸 사이의 수는 위의 네모칸 수를 더한 값이다.

2. 빈 칸에 내가 생각한 수를 써보자.

◎ 다음을 보고 화살표 위에 규칙에 맞는 식을 써보자.

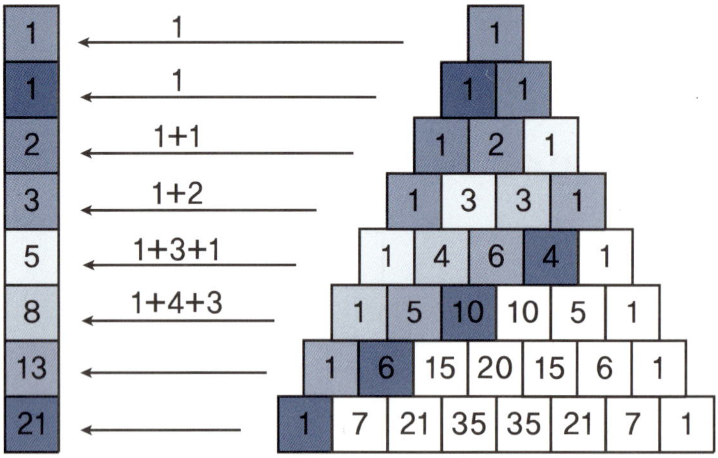

1. 어떤 규칙이 있는지 써보자.

앞의 두 수를 더한 수가 다음에 온다.

2. 합해서 13이 되게 하려면 어떤 방법으로 더해야 하는지 색연필로 색칠한 후 식을 써보자.

5 + 8

3. 합해서 21이 되게 하려면 어떤 방법으로 더해야 하는지 색연필로 색칠한 후 식을 써보자.

8 + 13

4. 위와 같은 방법으로 얻어진 1, 1, 2, 3, 5, 8, 13, 21 … 과 같은 수들을 (피보나치 수열)이라고 한다.

피보나치의 세계

5 – 3) – (2)

식물 속의 피보나치 수

학습주제 식물에 나타나는 피보나치 수

학습목표 주변의 식물을 관찰하여 피보나치 수를 찾을 수 있다.

교수모형 문제 해결 수업 모형　　**준 비 물** 여러 가지 식물들, 활동지

활용매체 PPT, 실물화상기

원리탐구단계	이렇게 지도하세요
문제를 이해하기	• 바구니에 피보나치의 수가 숨어있는 자연물을 담아 놓기 • 학생들에게 그 식물들에 어떤 수가 숨어 있을지 생각해보게 하기 ▶ **활동지 5-3)-(2)** ※ 꽃잎 같은 경우는 학생들이 쉽게 세어보려고 하겠지만 솔방울의 경우 쉽게 얻어내지 못 한다. ※ 솔방울이나 선인장은 세는 규칙이 있음을 힌트로 제시한다.
문제 해결 계획을 수립하기	• 학생들은 식물을 돌아가면서 살펴보며 어떤 수가 식물에서 나타나는지 관찰하기 ▶ **활동지 5-3)-(2) 1번** • 학생들에게 필요할 경우 사인펜으로 표시를 하면서 세어 보도록 하기 • 선인장의 경우 교사가 시범 보이기 ※ 가시가 있는 선인장보다는 다육식물이 안전하므로 다육식물을 사용하도록 한다. ※ 솔방울은 이미 비늘이 벌어진 것보다는 어린 솔방울이 규칙을 찾기 편하다.  〈오래된 솔방울〉  〈어린 솔방울〉  〈선을 그어서 세기〉

원리탐구단계	이렇게 지도하세요
해결 계획을 실행하기	• 자연 속에 숨은 숫자를 찾아 답 해 보기 ▶ **활동지 5-3)-(2) 2번** • 꽃잎의 수, 솔방울 비늘의 수, 선인장의 잎 수의 관계를 찾아보기 • 부분으로 나누어 도형의 넓이를 구하는 방법과 Pick의 정리를 동시에 이용하기 ※ 숫자가 어지럽게 놓여있으면 규칙을 찾기 어려우므로 크기가 작은 것부터 놓은 후 피보나치수열임을 알도록 한다. ▶ **활동지 5-3)-(2) 3번**
반성하기	• 자신의 모둠에서 해결한 방법을 나와서 발표하고 피보나치수열과 비교하기 ※ 생화를 매번 준비하기 어려우므로 꽃들을 준비해서 말린 후 코팅해 두면 오래 쓸 수 있다.

피보나치의 세계

5 – 3) – (3)

식물 속의 피보나치 수

학년 반 번

이름

◎ 다음은 우리가 주변에서 볼 수 있는 식물들이다. 바구니에 담겨진 식물들을 에 어떤 수가 숨어 있는지 알아보자.

1. 식물들을 관찰해 보자.

1) 꽃잎은 몇 장인지 차례대로 세어보자. 얼마인가?

1, 3, 5, 8, 13 …

2) 선인장의 잎 수를 위에 나온 방법대로 선을 긋고 세어보자. 얼마인가?

1, 3, 5, 8, 13 …

3) 해바라기 씨의 수를 선을 긋고 세어보자. 얼마인가?

1, 3, 5, 8, 13 …

4) 솔방울 잎의 수를 선을 긋고 세어보자. 얼마인가?

1, 3, 5, 8, 13 …

2. 위에서 찾은 수를 크기가 작은 순으로 써보자.

1, 3, 5, 8, 13

3. 2번에서 나열한 수들은 무엇과 같은지 생각해보자.

피보나치 수열과 비슷하다.

5 – 3) – (3)

피보나치와 황금비

학습주제 주변에 나타나는 황금비

학습목표 주변의 사물을 관찰하여 황금비를 찾을 수 있다.

교수모형 문제 해결 수업 모형

준 비 물 자, 줄자, 계산기, 주변의 사물, 활동지

활용매체 PPT, 실물 화상기

원리탐구단계	이렇게 지도하세요
문제를 이해하기	• 바구니에 황금비가 숨어있는 사물을 담아 놓기 ▶ **활동지 5-3)-(3) 윗부분** • 학생들에게 그 사물들에 어떤 수학적 내용이 숨어 있을지 생각해보기 • 물건들을 보았을 때 어떤 느낌이 드는지 비교할 수 있도록 크기가 다양한 종이나 책 등을 준비하여 비교해 보기 • 비교 대상물보다 바구니에 담긴 물건이 더 안정적이고 보기 좋다면 왜 그런지 생각하기 ※ 명함, A4용지, 카드 등은 모두 황금비를 갖고 있을 뿐 아니라 쉽게 구할 수 있는 것들이다. ☞ 개미의 몸의 길이도 황금비를 가지고 있다.
문제 해결 계획을 수립하기	• 물건들이 왜 보기에 안정적일까 생각해보기 • 카드, 명함의 크기가 비슷한 이유와 A4와 B5의 관계도 생각해 보기 ※ 카드, 명함은 크기가 같지만 A4와 B5는 크기가 다르므로 아이들이 비슷한 점을 찾기 어려울 수 있으므로 그 둘이 닮은꼴이라는 힌트를 줄 수 있다.
해결 계획을 실행하기	• 각 사물의 길이를 재어보기 • 가로, 세로의 길이를 재어 그 비를 알아보기 • 크기는 다르지만 그 비가 비슷하거나 같음 • 피보나치의 수와 비교해 보기 ▶ **활동지 5-3)-(3) 아랫부분** ※ 학생들이 스스로 길이를 재어 가로, 세로의 비를 알아보면 좋겠지만 그렇지 못 할 경우 교사가 힌트를 준다. ※ 학습지를 미리 나누어줄 경우 학생들이 방법을 생각해보지 않고 바로 길이를 재어 답을 구할 수 있으므로 잠깐 바구니의 물건에 대해서 생각해 볼 기회를 준 후, 나누어 준다. ※ 빨리 끝낸 모둠은 자신의 손가락의 길이를 재어 비를 구해보는 활동을 한다.
반성하기	• 자신의 모둠에서 해결한 방법을 앞에 나와서 발표하고, 피보나치수열과 비교하기

피보나치의 세계

5 – 3) – (3)

피보나치와 황금비

학년 반 번

이름

◎ 다음 바구니 안의 물건을 살펴보며 물음에 답해 보자.

명함, A4용지, 카드, 개미사진

1. 바구니에 있는 물건의 길이를 재어 표 안에 써보자.

	명함	A4	카드
세로	5	29.7	5.4
가로	9	21	8.5
세로 : 가로	5 : 9	29.7 : 21	5.4 : 8.5

2. 개미 사진을 확대한 것이다. 사진을 보고 머리, 가슴, 배의 길이를 재어 보고 비를 구해보자.

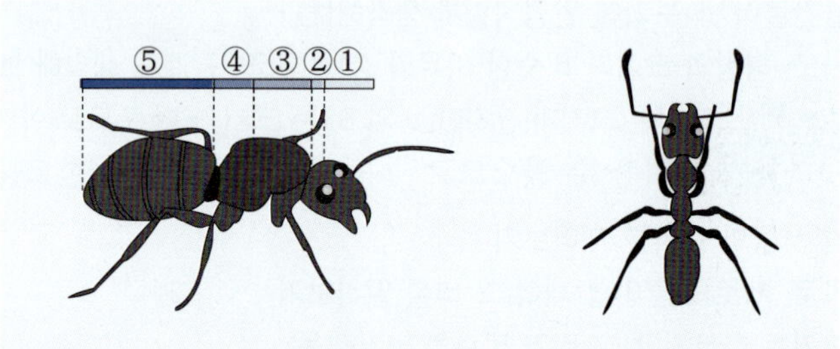

	①	②	③	④	⑤
길이	1.2	0.3	0.5	0.8	1.3

1) ②와 ③의 비, ③과 ④의 비를 구해보자.

3 : 5 , 5 : 8

◎ 피보나치수열과 황금비에 대해 알아보자.

1. 피보나치수열을 써보자.

1, 1, 2, 3, 5, 8, 13, 21, 34 …

2. 다음의 비의 값을 써보자. (계산기를 이용하여 소수점 셋째자리까지 나타낸다.)

	$\frac{3}{2}$	$\frac{5}{3}$	$\frac{13}{8}$	$\frac{21}{13}$	$\frac{34}{21}$	$\frac{55}{34}$
비의 값	1.5	1.667	1.625	1.615	1.619	1.618

3. 위에서 나타낸 비의 값은 뒤로 갈수록 무엇과 닮아가고 있는가?

황금비율

4. (황금비율)은 사람들이 가장 편안하고 아름답게 느끼는 비율로 알려져 있으며, 이런 이유 때문에 옛날부터 건축과 미술 등에서 자주 이용되어 왔다.

5 – 3) – (4)

피보나치의 나선

학습주제 피보나치수열의 나선

학습목표 피보나치의 나선을 그릴 수 있다.

준 비 물 모눈종이, 컴퍼스, 활동지

교수모형 원리 탐구 수업 모형

활용매체 PPT, 실물화상기

원리탐구단계	이렇게 지도하세요
새로운 문제 상황 제시	 출처 : worldshell.com.ne.kr/collection.htm • 앵무조개를 제시하고 피보나치의 수열을 이용하여 어떻게 그릴 수 있을지 문제 제시 • 학습지는 나누어주지 않은 상태에서 어떻게 앵무조개를 그릴 수 있을지 생각해보기 ※ 둥그런 모습이 있으므로 학생들이 원을 이용한다는 것을 알 수는 있을 것이다. 그러나 점점커지는 원에 대해서는 어떻게 해야 하는지 몰라 어려울 수 있다. ※ 다양한 해결방법이 나올 수 있도록 시간을 제시하되 원래 계획한 활동에 지장이 없도록 한다.
수학적 원리의 필요성 인식	• 학생들에게 학습지를 나누어주기 ▶ **활동지 5-3)-(4)** • 앵무조개를 그릴 때 일종의 규칙이 필요함을 안내하기 • 규칙적으로 커지는 원을 어떻게 피보나치수열을 이용하는지 알아보기 ※ 정사각형의 한 변의 길이가 피보나치 수임을 찾을 수 있도록 한다.

원리탐구단계	이렇게 지도하세요
학습할 원리가 내재된 조작 활동	• 학습지 위에 규칙에 따라 정사각형을 그리고 색칠하기 • 정사각형에 대각선을 그리기 • 사각형의 한 변의 길이가 반지름이 되도록 원 그리기 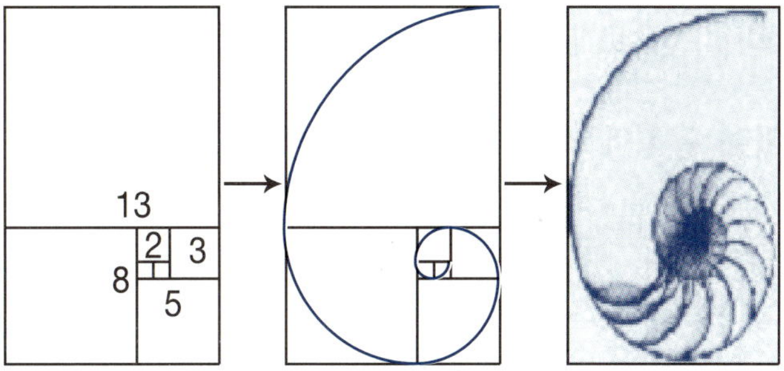 • 학생들은 위와 같은 과정을 거쳐 앵무조개를 그리기 ※ 컴퍼스의 중심을 어디에 두어야 하는지 자세하게 안내한다. ※ 컴퍼스를 사용하여 원호를 그리는 것이 쉽지 않을 수 있으므로 실물 화상기를 이용하여 함께 하거나 모둠별로 다니면서 지도한다.
수학적 원리의 형식화	• 피보나치수열의 규칙을 알고 이용하여 나선을 스스로 그리기
익히기 및 적용하기	• 자신이 그린 나선과 우주의 은하, 앵무조개가 비슷한지 비교해 보기 ※ 식물 외에 동물이나 우주 등의 자연에도 피보나치수열이 숨어있음을 알려준다.

피보나치의 세계

5 - 3) - (4)

피보나치의 나선

학년 반 번

이름

◎ 피보나치의 나선으로 앵무조개를 그려보자.

1. 모눈종이에 규칙에 따라 피보나치의 수로 정사각형을 만들어 색칠해 보자.

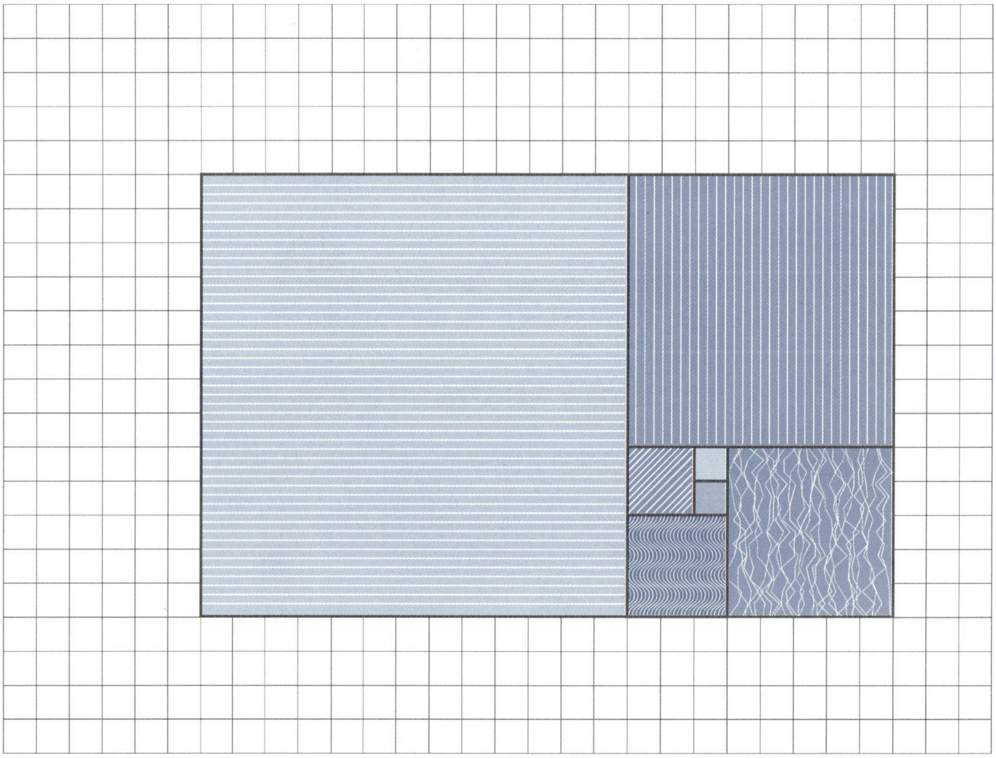

2. 색칠된 정사각형에 다음과 같이 각각 대각선을 그은 후 컴퍼스를 이용해 반지름이 1,2,3 … 인 원호를 사각형 위에 그려보자.

예)

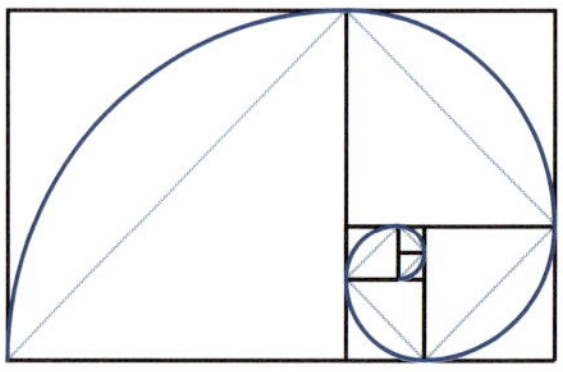

3. 아래의 그림과 비교하여 보자.

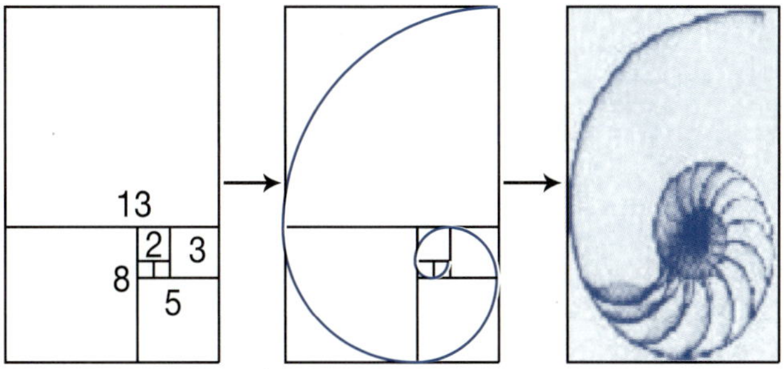

〈우리가 그린 과정〉

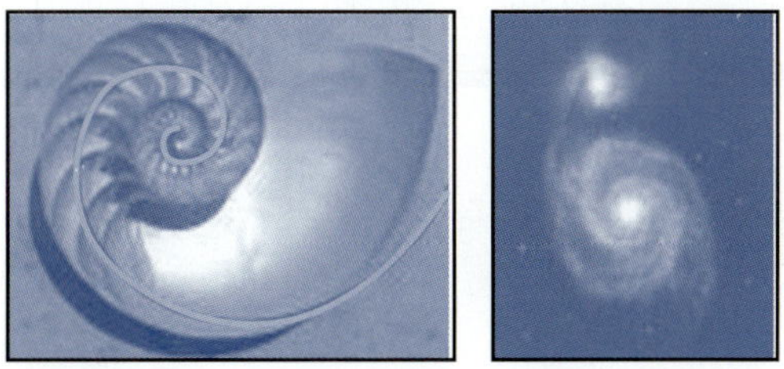

〈자연 속에 나타난 피보나치 나선〉

Chapter 3 6학년 수학 원리 탐구 프로그램의 실제

1 6학년 프로그램 구성 개요

탐구주제	탐구활동	세부 내용	수학 원리	관련 영역
1) 부피로 하는 survival 게임	(1) 똘똘이스머프의 부피 구하기	• 우리 주변에서 볼 수 있는 여러 가지 물체의 부피 구하기 • 각기둥 및 정육면체의 부피 구하기	입체도형의 부피와 밀도의 개념	측정
	(2) 유리구슬 물에 띄우기	• 물에 가라앉는 유리구슬 물에 띄우는 방법 생각해 보기 • 질량이 같은 상태에서 부피에 변화를 주어 물에 띄우기 • 풍선 속에 유리 구슬을 넣어 물에 띄워 보기		
	(3) Survival~ 부피가 가장 작은 배로 살아남기	• 질량이 같은 은박지로 가장 작은 부피의 배 만들어 띄우기 • 가로 세로 10cm 의 은박지로 배 만들기 • 부피가 가장 작게 만든 후 물에 띄워 보기		
2) 자료는 관리하기 나름!	(1) 나의 뇌 타입	• 주변에서 볼 수 있는 여러 가지 통계표 분류하기 • 나에게 더 알아보기 쉬운 것 찾아보기 • 그림과 숫자, 문자 등의 자료 인식하고 분류하기	자료 분석	확률과 통계
	(2) 여행을 떠나요	• 일기 예보 보는 법 알기 • 일기 예보에 등장하는 표현 자료 분석하기 • 실생활에 적용해 보기		
	(3) 인기 투표	• 인기투표 해 보기 • 창의적으로 표현할 수 있는 법 생각해 보기 • 결과를 표와 그래프로 나타내 보기		

<table>
<tr><th>탐구주제</th><th>탐구활동</th><th>세부 내용</th><th>수학 원리</th><th>관련 영역</th></tr>
<tr><td rowspan="4">3)
Oz와
프랙탈</td><td>(1)
생활 속의
프랙탈</td><td>• 여러 가지 그림 자료를 통해 프랙탈 알아보기
• 프랙탈과 프랙탈이 아닌 것 구별하기
• 우리 주변의 사물에서 프랙탈 직접 찾아보기</td><td rowspan="4">프랙탈</td><td rowspan="4">규칙
성과
함수</td></tr>
<tr><td>(2)
허수아비의
눈송이</td><td>• 눈송이 안에 있는 프랙탈 찾아보기
• 눈송이에 있는 규칙 찾아보기</td></tr>
<tr><td>(3)
마녀의 모자</td><td>• 시어핀스키 삼각형 만드는 법 알기
• 시어핀스키 삼각형으로 모자 만들기
: 시어핀스키 삼각형의 규칙을 알아보고 직접 만들어보기</td></tr>
<tr><td>(4)
양철 나뭇꾼
옷 입히기</td><td>• 시어핀스키 사각형 만드는 법 알기
• 시어핀스키 사각형으로 옷 만들기</td></tr>
</table>

2 6학년 프로그램의 실제

1) 부피로 하는 survival 게임

6–1)–(1) 똘똘이 스머프의 부피 구하기

6–1)–(2) 유리구슬 물에 띄우기

6–1)–(3) Survival~ 부피가 가장 작은 배로 살아남기

2) 자료는 관리하기 나름

6–2)–(1) 나의 뇌 타입

6–2)–(2) 여행을 떠나요

6–2)–(3) 인기투표

3) Oz와 프랙탈

6–3)–(1) 생활 속의 프랙탈

6–3)–(2) 허수아비의 눈송이

6–3)–(3) 마녀의 모자

6–3)–(4) 양철 나뭇꾼 옷 입히기

6-1)

부피로 하는 survival 게임

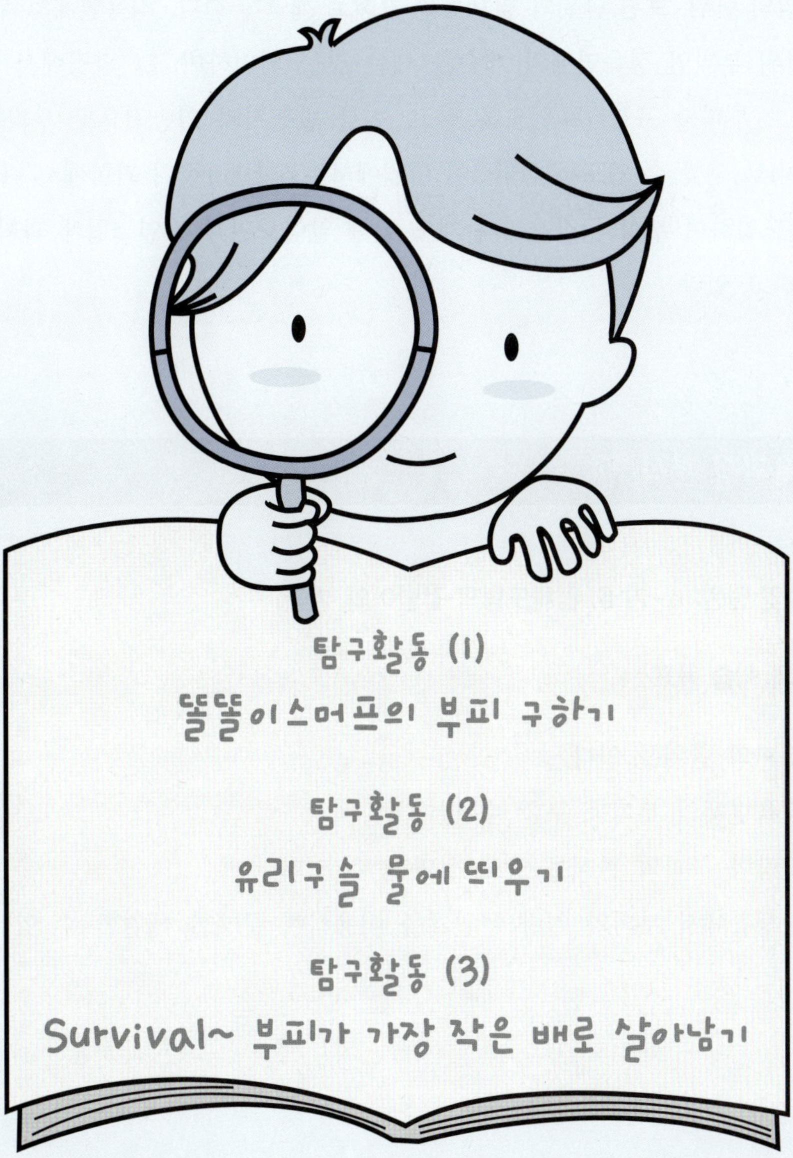

1 탐구 활동 개요

입체 도형의 부피는 6-가에서 처음 나오는 개념이다. 들이는 3-나에서 나오지만 들이와 부피는 분명히 다른 개념이므로 6-나에서 처음 나온다고 하는 것이 옳다. 부피에 대한 학습은 처음이므로 직육면체의 크기를 직접 비교하여 보고, 간접 비교가 필요한 상황을 제시하여 임의 단위, 보편 단위의 필요성을 차례로 깨닫게 한다. 직육면체의 부피를 구하는 것은 단위 부피인 정육면체의 개수를 세는 것을 의미하며, 그 과정에서 (가로)×(세로)×(높이)로 부피를 구할 수 있도록 하고, 이를 발전시켜 일반적으로 부피는 (밑면의 넓이)×(높이)로 구할 수 있도록 한다. 이 단원에서는 6학년 1학기 과학에서 나오는 '밀도'의 개념을 도입하여 부피와 질량의 관계도 함께 알아보면서 자연스럽게 과학과 수학의 접목을 꾀하고 있다.

2 교육과정 분석

[1] 학년 및 단원: 6-가 5. 입체도형의 겉넓이와 부피

[2] 단원의 학습 목표

① 부피의 단위를 안다.
② 직육면체의 부피를 구할 수 있다.
③ 질량과 부피의 관계를 알고 설명할 수 있다.
④ 실생활에서 부피와 질량의 관계를 이용하여 문제를 해결할 수 있다.

[3] 학습의 흐름

후속 학습

여러 가지 입체도형의 부피 구하기

↑

단원 학습

실생활에서 부피와 질량의 관계 알기

↑

여러 가지 입체도형의 부피 구하는 방법 알기

↑

직육면체의 부피 구하기

↑

부피의 개념 및 단위 알기

↑

선수 학습

교육 과정상 부피 첫 도입

3 탐구 활동의 전개 계획

활동명	주제	수업 내용 및 활동	활동내용	수학 원리	관련 영역	관련단원
똘똘이 스머프의 부피 구하기	다양한 입체도형의 부피	• 우리 주변에서 볼 수 있는 여러 가지 물체의 부피 구하기 • 각기둥 및 정육면체의 부피 구하기	• 직육면체 이외의 입체도형의 부피를 구한다. • 공식으로 해결할 수 없는 입체 도형의 부피를 구한다.	입체도형의 부피	측정	* 6-가 5. 입체도형의 겉넓이와 부피
유리구슬 물에 띄우기	부피와 질량 I	• 물에 가라앉는 유리구슬 물에 띄우는 방법 생각해 보기 • 질량이 같은 상태에서 부피에 변화를 주어 물에 띄우기 • 풍선 속에 유리 구슬을 넣어 물에 띄워 보기	• 부피와 질량의 관계를 안다. • 부피와 질량의 관계를 이용하여 유리구슬을 물에 띄운다.			

활동명	주제	수업 내용 및 활동	활동내용	수학 원리	관련 영역	관련단원
Survival ~ 부피가 가장 작은 배로 살아남기	부피와 질량 II	• 질량이 같은 은박지로 가장 작은 부피의 배 만들어 띄우기 • 가로 세로 10cm 의 은박지로 배 만들기 • 부피가 가장 작게 만든 후 물에 띄워 보기	• 부피와 질량의 관계 적용한다. • 은박지로 배를 만들어 띄운다.	입체도형의 부피	측정	* 6-가 5. 입체 도형의 겉넓이와 부피

4 탐구 활동의 실제

6－1)－(1)

부피로 하는 Survival 게임

똘똘이스머프의 부피 구하기

학습주제 입체도형의 부피 구하기

학습목표 다양한 방법으로 입체도형의 부피를 구할 수 있다.

교수모형 문제 해결 수업 모형

준 비 물 다양한 물건, 자, 말굽자석, 비커, 물, 활동지

활용매체 ppt, 교수용 S/W

원리탐구단계	이렇게 지도하세요
문제를 이해하기	• 다양한 물건 준비하기 ▶ **활동지 6－1)－(1)** • 짝과 가위 바위 보를 하여 이긴 사람이 물건을 하나씩 골라 가기 • 물건을 모두 나누어 가진 후 물건의 총 부피가 더 큰 사람이 이김 ※ 학생들이 가위 바위 보를 하여 물건을 가지고 갈 때 눈으로 짐작하여 부피의 합을 미리 알 수 있도록 하는 일을 피하기 위해 될 수 있으면 비슷한 부피의 물건을 준비한다. ※ 학생들이 배운 방법으로 부피를 구할 수 있는 입체 도형과 그렇지 않은 도형을 적절히 섞어서 준비한다.
문제 해결 계획을 수립하기	• 정육면체나 직육면체의 부피 구하는 방법 상기하기 ▶ **활동지 6－1)－(1) 2번** • 삼각기둥의 부피 구하는 방법 상기하기 • 일정한 모양이 없어서 알게 된 식으로 부피를 구할 수 없는 물건의 부피 구하는 방법 생각해 보기 (예 : 말굽자석) ※ 학생들은 준비된 재료를 보고 일정한 모양이 없는 입체 도형의 부피를 구하는 방법을 충분히 예측할 수 있다. ※ 모양을 잘라서 쉬운 방법으로 부피를 구하는 것도 하나의 방법이 될 수 있음을 알게 한다. ※ 수학적인 문제를 해결할 때는 공식 뿐 아니라 다양한 방법이 사용될 수 있음을 깨닫게 한다.

원리탐구단계	이렇게 지도하세요
해결 계획을 실행하기	• 식을 이용하여 구할 수 있는 것들의 부피를 구하기 • 식으로 알 수 없는 물건들은 비커에 물을 담아 물이 늘어난 양을 재어 보기 ※ 입체도형의 모양을 분리하거나 합해서 쉽게 부피를 구할 수 있는 방법을 이용할 수 있다. 비커의 눈금 단위가 작은 것으로 준비해야 미세한 부피의 차이도 알 수 있다. ※ 수학 교과서에는 수조에 벽돌을 넣는 것으로 되어있으나 비커를 이용하면 작은 물체를 이용하여 간단하게 실험을 할 수도 있다.
반성하기	• 우리 모둠이 사용한 방법이 적당한 방법인지 검토하기 • 발표를 통해 다른 친구들은 어떤 방법을 사용했는지 확인하기 ※ 서로 발표할 기회를 가져보고 모양에 따라 어떤 방법이 효율적인지 생각해 볼 수 있도록 한다.

부피로 하는 Survival 게임

6－1)－(1)

똘똘이스머프의 부피 구하기

학년 반 번

이름

◎ 스머프 마을의 봄. 똘똘이 스머프는 오늘도 자기 자랑 일색이다. 그런데 길을 가다가 스머페트를 만났다. 스머페트는 여러 가지 물건을 가지고 있었는데 그것들의 부피를 구하고 있었다. 똘똘이 스머프는 잘난 척이 하고 싶어서 물건을 나누어 가진 다음 물건들의 부피의 합이 큰 사람이 적은 사람에게 딸기 파이를 하나 받자고 했다. 스머페트는 알겠다고 하며 물건을 나누기 시작했는데….

준비물 : 비커, 물

1. 다음의 물건을 가위 바위 보를 하여 하나씩 가져가보자.

유리구슬 4개, 직육면체 모양의 지우개, 정육면체 블록, 삼각기둥 블록, 원기둥 블록, 삼각뿔 블록, 네모난 상자, 책, 티스푼, 작은 포크, 각 설탕 6개, 말굽자석 2개

◎내가 가져간 물건:

정육면체 블록, 네모난 상자, 원기둥 블록, 유리구슬 4개

◎친구가 가져간 물건:

책, 직육면체 모양의 지우개, 삼각기둥 블록, 삼각뿔 블록

2. 내가 가져간 물건의 부피를 계산하여 보자.

1) 식을 세워 해결할 수 있는 물건의 부피를 계산해 보자.

정육면체 블록 : $3cm \times 3cm \times 3cm = 27cm^3$

네모난 상자 : $19cm \times 5cm \times 4cm = 380cm^3$

원기둥 블록 : $6cm \times 6cm \times 3.14 \times 20cm = 2260.8cm^3$

2) 식을 세우는 것만으로 해결할 수 없다면 어떤 방법으로 부피를 알 수 있는지 생각해보자.

물이 가득 찬 통에 넣은 후 넘친 물의 부피를 눈금실린더로 재어본다.

3) 2)번에서 생각한 방법으로 나머지 물건의 부피를 구해보자.

유리구슬 4개 : 약 17mL (약 17cm3)

4) 내가 가져온 물건의 총 부피를 얼마인가?

$27cm^3 + 380cm^3 + 2260.8cm^3\ 17cm^3 = 2684.8cm^3$

3. 친구가 가져간 물건의 총 부피와 내가 가져온 물건의 총 부피 중 어느 것이 더 큰지 적어보자.

* 친구가 가져간 물건의 총 부피 : $510cm^3 + 14.4cm^3 + 640cm^3 + 334cm^3 = 1498.4cm^3$

  책 : $17cm \times 20cm \times 1.5cm = 510cm^3$

  지우개 : $4cm \times 3cm \times 1.2cm = 14.4cm^3$

  삼각기둥 블록 : 약 640mL (약 $640cm^3$)

  삼각뿔 블록 : 약 334mL (약 $334cm^3$)

* 내가 가져온 물건의 총 부피 : $2684.8cm^3$

  ∴ 내가 가져온 물건의 총 부피가 더 크다.

6-1)-(2)

유리구슬 물에 띄우기

학습주제 부피와 질량 ⇒ 밀도

학습목표 부피와 질량의 관계를 알고 설명할 수 있다.

교수모형 원리 탐구 학습 모형

활용매체 잠수함의 원리 자료

준비물 풍선 두 개, 활동지, 유리구슬 두 개, 수조, 물, 전자저울

원리탐구단계	이렇게 지도하세요
새로운 문제 상황 제시	• 수조에 물을 담아두기 ▶ **활동지 6-1)-(2)** • 유리구슬을 수조에 넣어보기 • 물에 가라앉는 유리구슬을 띄울 수 있는 방법은 없을 지 문제제기 ※ 책상 위에 준비된 여러 가지 도구를 보고 학생들이 짐작할 수 있도록 한다. ※ 다양한 방법이 나올 수 있도록 격려하되 현실적이지 않는 답은 피하도록 한다.
수학적 원리의 필요성 인식	• 무거운 물체이지만 물에 뜨는 것들을 생각해 보기 ▶ **활동지 6-1)-(2) 1 & 2번** • 배, 잠수함, 뗏목 등이 물에 뜨는 것을 알고 유리구슬도 물에 뜰 수 있다는 것을 깨닫게 하기 • 무겁지만 물에 뜨는 것들의 공통적 원리가 무엇인지 생각해 보기 ※ 6학년일 경우 가능한 스스로 해법을 찾도록 유도한다. 필요하다면 과학 수업의 내용을 접목해도 좋다. ※ 어떻게 하면 무거운 쇳덩이가 물에 뜰 수 있을지 고민할 수 있는 시간을 제공한다. ※ 6학년의 경우 과학 시간에 잠수함의 원리에 대해 배우므로 알고 있는 학생이 많이 있을 수 있다.
학습할 원리가 내재된 조작활동	• 풍선 속에 유리구슬을 각각 넣기 ▶ **활동지 6-1)-(2) 3번** • 두 개의 무게를 전자저울에 재어 같음을 확인하기 • 하나의 풍선은 크게 불고 다른 하나는 공기를 넣지 않고 물에 띄우기 • 결과 확인하기 ※ 풍선은 두꺼운 것보다는 가볍고 얇은 것으로 준비한다. ※ 전자저울을 사용하여 오차의 범위를 최대한 줄이고 작은 단위의 무게까지 알 수 있도록 한다.

원리탐구단계	이렇게 지도하세요
수학적 원리의 형식화	• 풍선을 크게 분 것과 작게 분 것의 같은 점과 차이 점을 찾기 • 부피와 질량의 관계 형식화하기 ※ 학생들 스스로 원리 생각할 수 있도록 시간을 충분히 준다. ※ 여기서 다시 과학적 원리를 도입하여 조건을 통제한 것은 무엇인지 변화를 준 것은 무엇인지 생각해보게 한다.
익히기 및 적용하기	• 잠수함의 원리와 수업 시간에 배운 원리 비교하기 ※ 잠수함의 원리도 밀도를 이용한 것이므로 수학 시간에 배운 것과 과학 시간에 배운 것이 다른 것이 아님을 알도록 한다. ※ 수학과 과학의 관련성 및 여러 학문의 통합성에 대하여 조금이나마 이해할 수 있도록 안내한다.

부피로 하는 Survival 게임

6 – 1) – (2)

유리구슬 물에 띄우기

학년 반 번

이름

◎ 편리스머프는 무엇이든 해결할 수 있는 능력이 있다. 그런데 어느 날 아기 스머프들이 똑같은 유리구슬 두 개를 들고 와서 이상한 부탁을 했다. 하나는 물에 띄우고 다른 하나는 가라앉게 해 달라는 것이다. 편리 스머프는 말도 안 된다며 아기 스머프들을 돌려보내려고 했다. 그러자 파파 스머프는 편리스머프에게 풍선 두 개를 건네주며 해보라고 했다. 과연 편리스머프는 어떻게 해결할 수 있을까?

1. 우리 주변에서 무거운 물체이지만 물에 뜨는 것들은 어떤 것이 있는지 생각해 보자.

배, 잠수함, 뗏목, 고무공, 나무토막 등

2. 1번에서 말한 것들은 어떻게 해서 물에 뜰 수 있을지 적어보자.

무게에 비해서 부피가 크다

3. 풍선+유리구슬을 한 세트로 하여 하나는 물에 띄우고 다른 하나는 물에 가라앉게 할 수 있는 방법을 생각해 보자.

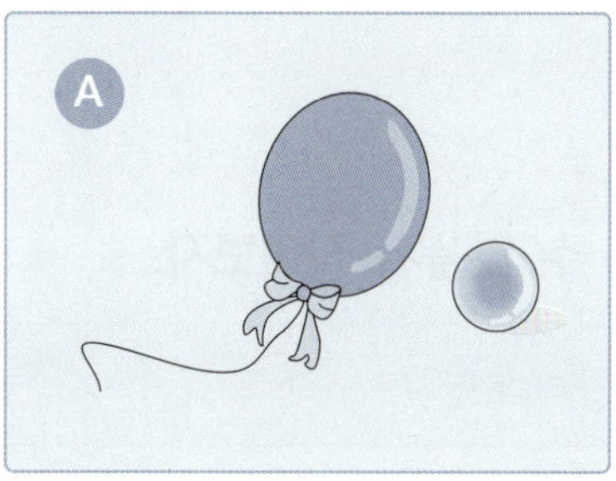

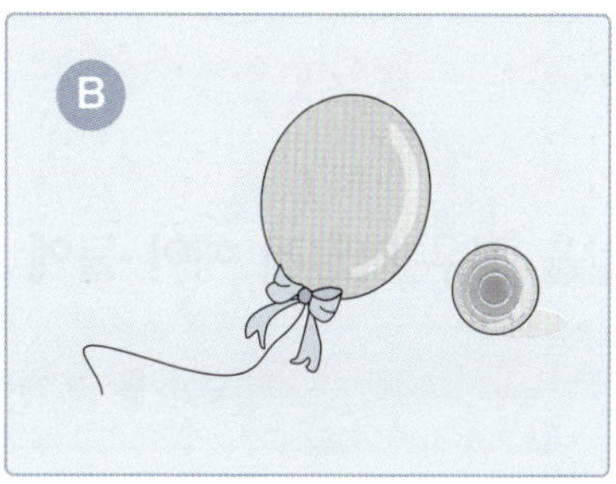

1) 유리구슬 두 개의 무게를 전자저울로 재어 보자. 얼마인가?

약 21g

2) 유리구슬을 수조에 넣어 보고, 어떻게 되는지 생각해 보자.

가라앉는다.

3) 풍선 하나를 불어서 수조에 넣어 보고, 어떻게 되는지 생각해 보자.

물에 뜬다.

4) A의 풍선 속에 유리구슬을 넣고 크게 불어 보자. B의 풍선은 유리구슬을 넣고 그대로 둔다.

5) 유리구슬이 들어있는 두 개의 풍선을 동시에 수조에 띄워 보자.

4. A와 B의 공통점과 차이점은 무엇일까?

공통점 : A, B의 질량이 같다.

차이점 : A의 부피가 B의 부피보다 크다.

5. 질량이 같을 경우 어떻게 해야 물에 뜰 수 있을지 적어보자.

부피를 크게 만들어야 한다.

부피로 하는 Survival 게임

6 – 1) – (3)

Survival~ 부피가 가장 작은 배로 살아남기

학습주제 물에 배 띄우기

학습목표 부피와 질량의 관계를 이용하여 물에 뜨는 은박지 배를 만들 수 있다.

교수모형 문제 해결 수업 모형

준 비 물 은박지(10cmx10cm), 수조, 물, 자, 계산기

활용매체 PPT, 실물 화상기

원리탐구단계	이렇게 지도하세요
문제를 이해하기	• 문제 제시하기 ▶ **활동지 6-1)-(3)** - 평화로운 스머프 마을에 늘 걱정거리가 있으니 바로 가가멜이다. 스머프를 잡아먹으려고 늘 기회만 노리던 가가멜이 편리 스머프를 잡아갔다. 파파 스머프는 편리를 구하기 위해 가가멜을 찾아갔는데, 가가멜은 가로x세로가 10cmx10cm인 은박지를 한 장 던져주며 직육면체의 모양으로 가장 작게 배를 만들어 오라고 했다. 파파 스머프는 마을로 돌아와 여러 개의 팀을 나누어 은박지로 가장 작은 부피가 나가는 배를 만들자고 했다. 가장 빨리 만드는 팀에게는 딸기파이를 상으로 주기로 했다. 과연 스머프들은 편리 스머프를 구할 수 있을까?
문제 해결 계획을 수립하기	• 은박지의 질량을 전자저울로 재어 보고 다른 모둠과 재료의 질량이 같음을 확인하기 ▶ **활동지 6-1)-(3) 1번** • 지난 차시에 배운 질량과 부피의 관계를 생각하며 은박지로 배를 띄울 수 있는 방법을 생각해 보기 ▶ **활동지 6-1)-(3) 2번** • 선생님이 먼저 하나의 은박지는 돌돌 말아서 구기고 다른 은박지는 편 상태 그대로 물에 띄워 보기. 전자는 물에 가라앉고 후자는 물에 뜨는 것을 확인하기 • 물의 질량/부피 = 1임을 알려주어 우리가 만들어야 할 배의 부피를 구할 수 있도록 하기 ※ 각 모둠의 은박지의 질량이 모두 같음을 직접 확인하도록 한다. ※ 배 모양은 직육면체로 하여야 부피를 구하는데 편리하므로 배 모양은 '직육면체'라는 조건을 붙인다. ※ 계획적으로 정량화하여 만들 수도 있으며 하나하나 만들어 보는 팀도 있을 수 있다.

원리탐구단계	이렇게 지도하세요
해결 계획을 실행하기	• 계획대로 배를 만들어 보기 ▶ **활동지 6-1)-(3) 3번** • 정량화 하여 배의 부피를 만드는 모둠의 경우 은박지의 질량보다 만드는 배의 부피가 커야한다는 것을 이용하기 • 여러 장의 은박지를 이용하여 배의 부피를 달리하여 접어보는 모둠은 어느 부피의 배가 뜨고 가라앉았는지 표를 그려 확인하기 ※ 배가 물에 뜨지 않거나 찢어졌을 경우 등 여러 가지 경우를 대비해 충분한 은박지를 준비해 놓는다. 여기서는 여러 가지 시도를 할 수 있으므로 재료가 없어서 활동을 못 하는 일이 없도록 한다. ※ 정량화 하여 배의 부피를 구하는 모둠은 은박지의 질량과 필요한 부피를 적어 놓은 후, 그 부피의 배를 만들기 위해 배의 가로, 세로, 높이를 어떻게 하면 좋을 지 생각해 볼 수 있어야 한다.
반성하기	• 각 모둠에서 나와 해결 방법을 설명한다. • 각 모둠의 배의 부피를 구해서 표로 만들어 비교한 후 어느 모둠의 부피가 가장 적은 지 알아본다.

부피로 하는 Survival 게임

6 – 1) – (3)

Survival~ 부피가 가장 작은 배로 살아남기

학년 반 번
이름

◎ 평화로운 스머프 마을에 늘 걱정거리가 있으니 바로 가가멜이다. 스머프를 잡아먹으려고 늘 기회만 노리던 가가멜이 편리스머프를 잡아갔다. 파파스머프는 편리를 구하기 위해 가가멜은 찾아갔는데, 가가멜은 가로x세로가 10cmx10cm인 은박지를 한 장 던져주며 직육면체의 모양으로 가장 작게 배를 만들어 오면, 그 배에 편리 스머프를 태워 보내주겠다고 했다. 파파 스머프는 마을로 돌아와 여러 개의 팀을 나누어 은박지로 가장 작은 부피가 나가는 배를 만들자고 했다. 가장 빨리 만드는 팀에게는 딸기파이를 상으로 주기로 했다. 과연 스머프들은 편리스머프를 구할 수 있을까?

1. 다음 재료를 이용하여 가장 직육면체 모양의 작은 은박지 배를 만들어 보자.

(계산기)

(전자저울)

(10cm x 10cm의 은박지)

2. 우리 모둠의 아이디어를 적고 실행해 보자.

물의 밀도보다 배의 밀도를 작게 하여 물에 뜨게 한다.

3. 다음의 방법으로 배를 만들어 보자. 혹은 다른 방법으로 배를 만들어 보자.

1) 은박지의 무게를 재어 보자.

약 8.1g

2) 배의 부피가 얼마 이상이 되어야 물에 뜰 수 있을지 적어보자.

$8.1cm^3$ 이상 되어야 한다.

3) 배의 가로, 세로, 높이를 얼마로 해야 될지 적어보자.

(예) 3cm(가로) × 3cm(세로) × 3cm(높이) = $27cm^3$

4) 3)에서 구한대로 직육면체 모양의 배를 만들어 보고 수조에 띄워 보자.

4. 우리 모둠이 생각한 방법을 발표해 보자.

6－2)

자료는 관리하기 나름!

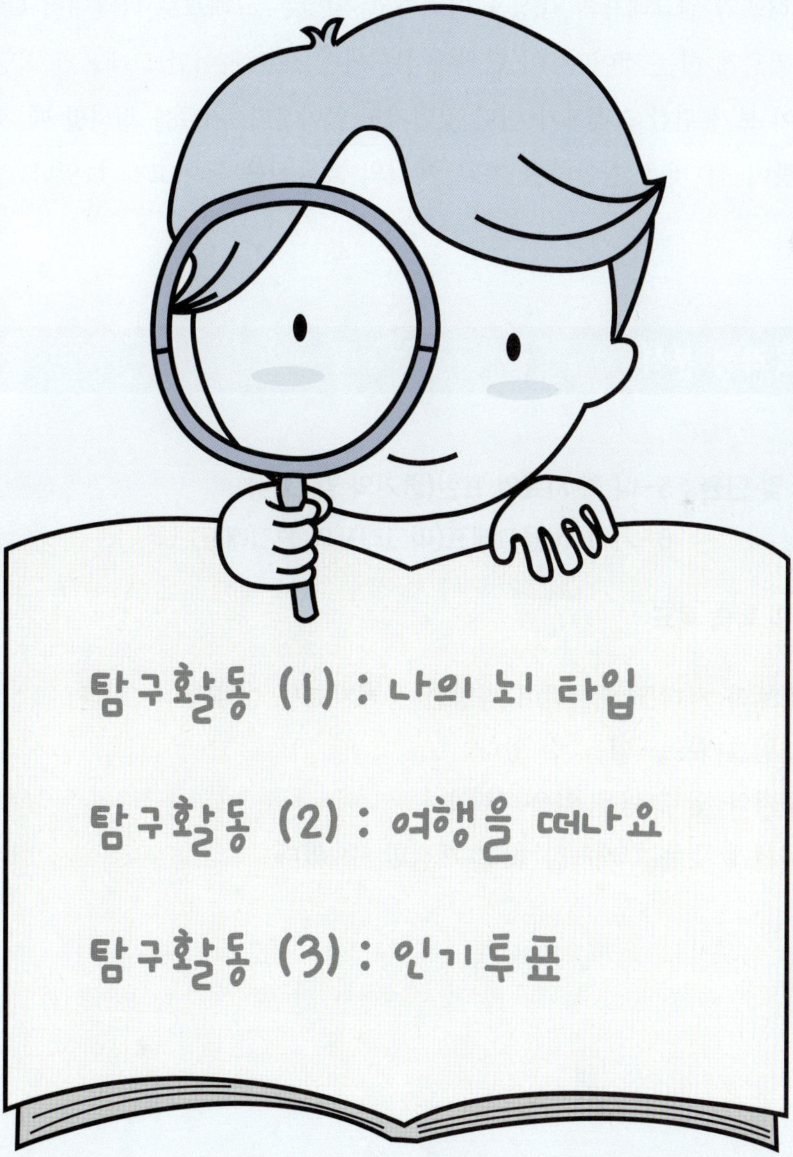

1 탐구 활동 개요

'자료의 표현과 방법'은 확률과 통계의 영역에 속한다. 초등학교 고학년 단계에서는 비율로 제시된 자료를 띠그래프나 원그래프로 나타내고, 이를 읽을 수 있게 한다. 조사 자료에서 전체에 대한 각 부분의 비율에 관심을 가지게 하여 비율그래프의 필요성을 알게 한다. 띠그래프와 원그래프의 특성을 이해하고, 알맞은 그래프로 나타내어 활용할 수 있는 능력을 기르게 하는 것이다. 이 단원에서는 어떤 자료에 어떤 그래프가 적당한지 알아보고, 자신이 보기 편한 그래프가 어떤 것인지도 알아본다. 자료를 정리할 때 자신이 보는 것과 상대방이 볼 것을 감안하여 자료 제시의 효율성을 높이고자 하였다.

2 교육과정 분석

[1] 학년 및 단원 : 5-나 7. 자료의 표현(줄기와 잎 그림)
6-가 8. 비율그래프(띠그래프와 원그래프)

[2] 단원의 학습 목표

① 정보화 시대를 대비하여 다양한 통계자료를 이해할 수 있다.
② 그림그래프를 읽을 수 있다.
③ 줄기와 잎 그림을 읽을 수 있다.
④ 나에게 맞는 그래프를 찾고 제작할 수 있다.

[3] 학습의 흐름

후속 학습

도수분포표와 히스토그램 (중등과정)

↑

단원 학습

우리 주변의 자료 정리하여 나타내기

↑

실생활의 자료를 해석하여 의사결정하기

↑

다양한 통계자료 분류 및 개념 알기

↑

선수 학습

간단한 표나 그림을 이용한 그래프, 막대그래프

3 탐구 활동의 전개 계획

활동명	주제	수업 내용 및 활동	활동내용	수학 원리	관련 영역	관련단원
나의 뇌 타입	여러 가지 통계 자료	• 여러 가지 표와 그래프 제시하기 • 공통된 특성에 따라 분류하고 이름 알기	• 여러 가지 자료를 보고 분류하는 활동을 한다.	자료 분석	확률과 통계	* 5-나 7. 자료의 표현 * 6-가 8. 비율그래프
여행을 떠나요	자료 해석	• 생활 속의 자료 읽기(일기예보) • 자료를 보고 상황에 맞는 의사 결정하기	• 일기 예보 자료를 보고 해석하여 의사를 결정하는 활동을 한다.			
인기 투표	자료 표현	• 실생활에서 자료 정리의 필요성 알기 • 제시된 자료를 보고 가장 적당한 표현 방법 찾아보기 • 보기 쉽게 정리하여 표현하기	• 6학년 인기투표 결과를 표나 그래프로 나타내어 보는 활동을 한다.			

4 탐구 활동의 실제

자료는 관리하기 나름!

6 – 2) – (1)

나의 뇌 타입

학습주제 여러 가지 자료 표현

학습목표 다양한 자료를 분류하고 개념을 알 수 있다.

교수모형 개념 형성 학습 모형

활용매체 ppt

준 비 물 활동지, 다양한 통계표(그림그래프, 표, 줄기와 잎, 막대그래프, 원 그래프 등)

원리탐구단계	이렇게 지도하세요
범례 제시	• 여러 가지 통계 자료를 제시하기 ▶ **활동지 6-2)-(1)** ※ 가능한 한 다양한 자료를 제시하되 분류가 가능하도록 제시한다.
범례 분류	• 다양한 자료를 자신이 세운 기준에 따라 분류해 보기 ▶ **활동지 6-2)-(1) 1번** • 학생들은 자신이 세운 기준에 따라 분류한 자료를 발표하기 ※ 교사가 이미 생각해 놓은 기준 외에도 학생 나름의 기준을 세워 분류하는 것에 대해 제제를 가하지 않도록 한다. 다만 수학적으로 약속한 것이 있으므로 다음 단계에서 이름을 붙여 분류하는 것도 하나의 '약속'임을 알려주도록 한다.
공통의 성질 찾아 추상화	• 자신이 분류해 놓은 자료들의 공통점을 찾아보기 ▶ **활동지 6-2)-(1) 2번** • 다른 친구들이 분류해 놓은 것과의 차이점을 알아보고 어떤 것이 더 효율적인지 생각해 보기
개념의 도입	• 자료의 특성에 따라 이름에 맞도록 분류하기 ▶ **활동지 6-2)-(1) 3번** • 표, 그림그래프, 원그래프, 줄기와 잎 그림 등 수학적 개념 도입하기 ※ 자료의 이름은 수학에서 하나의 '약속'이므로 개인적으로 변경하여 사용할 경우 의사소통이 되지 않음을 알려준다. ※ 자료의 특성에 따라 이름을 붙여보되 반드시 수학적 용어는 약속이라는 것을 알려준다. ※ 많은 학생들이 이미 알고 있겠지만, 각 자료의 이름 및 개념을 다시 알려주도록 한다.

원리탐구단계	이렇게 지도하세요
개념익히기	• 자신이 보기 편한 통계 자료 선택하기 ▶ **활동지 6-2)-(1) 4번** • 좌뇌형, 우뇌형 테스트를 통해 자신의 성향 알아보고, 그 특징과 자신이 선택한 자료의 특징이 유사한지 비교해 보기 ▶ **활동지 6-2)-(1) 5번** • 교사가 한 가지 자료를 제시하면 그 자료를 보고 자신이 원하는 표나 그래프로 나타내 보기 ※ 뇌 타입은 절대적인 것이 아니라 학생들의 흥미를 유발하기 위한 것이므로 학생들이 너무 집착하지 않도록 주의한다.

6-2)-(1)

나의 뇌 타입

학년 반 번

이름

※ 사람의 뇌는 좌뇌와 우뇌로 구분되며 개인마다 어느 한쪽 뇌를 더 많이 쓴다고 한다. 그리고 어느 쪽 뇌를 더 많이 쓰느냐에 따라 그 사람의 성향이 다르다고 한다. 나는 좌뇌형일까 우뇌형일까? 아래의 여러 가지 자료를 제시한 방법으로 알아보자.

1. 다음의 자료를 나의 기준을 만들어 공통점이 있는 것끼리 묶어 보자.

1

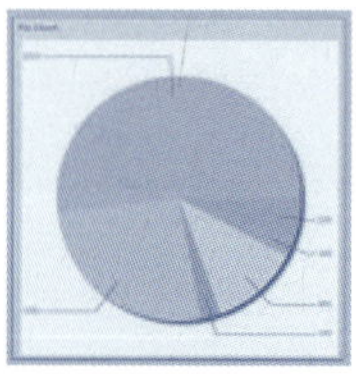

2

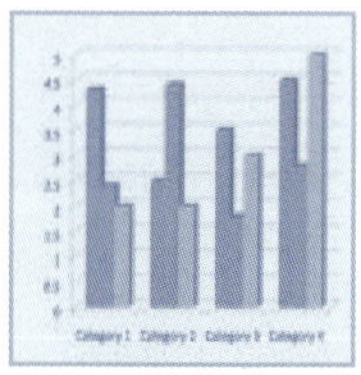

3

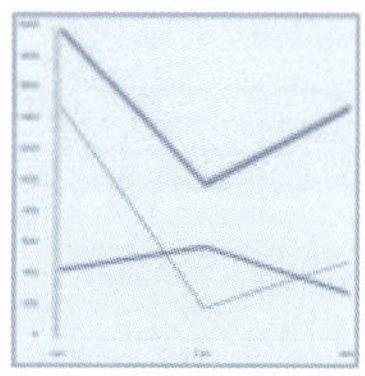

4

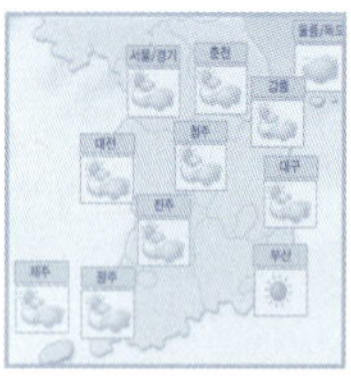

5

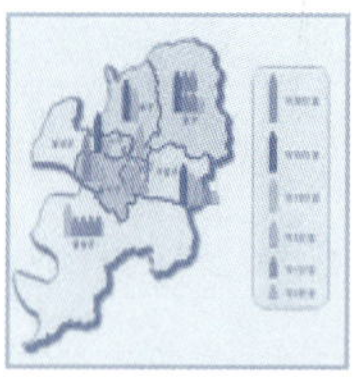

6

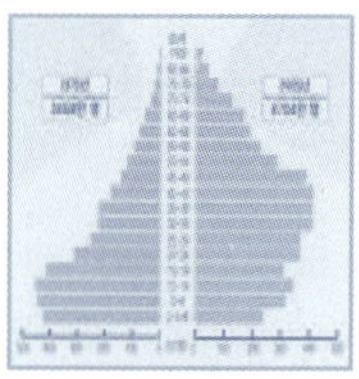

7

• 젓갈세트 품목별 가격표

새우젓 10,000원	오징어젓 6,000원
특창난젓 10,000원	청어알젓 12,000원
꼴뚜기젓 6,000원	아가미젓 8,000원
멍게젓 15,000원	젓갈쌈장 6,000원
굴젓 10,000원	토하젓 10,000원

• 기타 구성 및 상담 문의 : 강경종합젓갈 080-025-7000

8

[1, 8] , [2, 3, 4, 5, 6, 7]

2. 같은 것으로 묶은 자료의 공통점은 무엇일까?

[1, 8] ☞ 표 , [2, 3, 4, 5, 6, 7] ☞ 그래프

3. 자료를 표현한 특성에 따라 다음의 이름에 맞게 분류해 보자.

막대그래프	원그래프	꺾은선그래프	그림그래프	표
3, 7	2	4	5, 6	1, 8

4. 내가 보기에 가장 편리한 자료는 무엇이라고 생각하는지 적어보자.

5. 내가 선택한 자료의 특성과 아래에 나와 있는 뇌의 특성을 보고 나는 어느 쪽 뇌를 많이 사용하는지 생각해 보자. (단, 절대적인 것은 아니다.)

〈좌뇌〉
분석
논리
수
분석적
이성적
과학적
정형

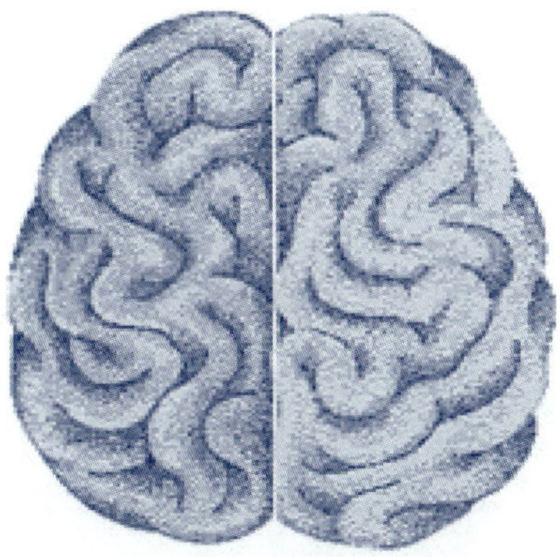

〈우뇌〉
전체적
통찰
감성
예술
그림
음악
비정형

자료는 관리하기 나름!

6 – 2) – (2)

여행을 떠나요

학습주제 자료 해석하기

학습목표 자료를 해석하고 그에 따라 의사결정을 할 수 있다.

교수모형 문제 해결 학습 모형

준 비 물 날씨 관련, 표와 그래프, 활동지

활용매체 ppt

원리탐구단계	이렇게 지도하세요
문제 제시	• 문제 제시 ▶ **활동지 6-2)-(2)** - 지방에 사는 민우가 방학을 맞아 서울 여행을 가려고 한다. 여행을 가기 위해 앞으로 날씨를 보니 다음과 같이 나와 있다. 민우는 어떻게 해야 할까? 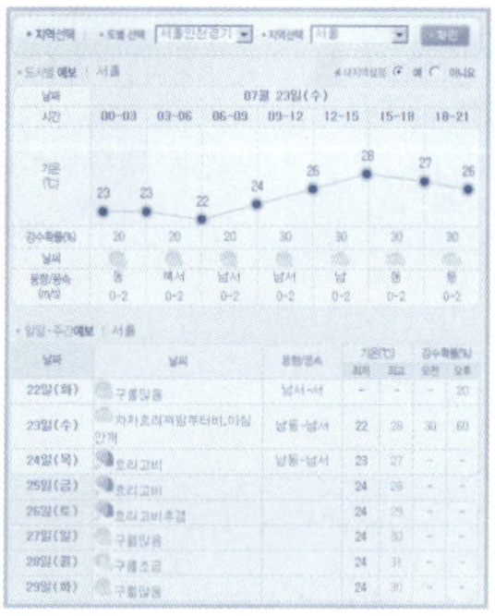 • 일기 예보를 보고 민우가 어떤 여행 계획을 짜야하는지 알아보기
문제 해결 계획세우기	• 기온 그래프 보는 방법 알아보기 • 구름의 양 아는 방법 알아보기 • 강수 확률 보는 방법을 알아보기 • 풍향 보는 방법을 알아보기 • 날씨에 따른 민우의 활동 및 행동을 예상해보기 ▶ **활동지 6-2)-(2) 2번** ※ 5학년 과학에서 날씨 및 일기 예보가 나오므로 학생들은 쉽게 자료를 읽을 수 있을 것이다. 그러나 여러 자료를 동시에 보아야 하는 어려움이 있으므로 하나씩 구분하여 자료를 해석할 수 있도록 안내한다.
해결 계획 실행하기	• 표와 그래프를 해석하여 민우가 앞으로 어떻게 해야 할 것인지 발표하기 ▶ **활동지 6-2)-(2) 3번**
반성하기	• 다른 친구들은 어떻게 생각했는지 발표를 들어보고 나의 의견과 다른 점을 찾아보기 ※ 이 단계에서는 학생들의 의사 결정도 중요하지만 자료 해석의 결과를 비교해 보는 것이 더 중요하므로 비가 오는데 어디를 가야 하느냐 말아야 하느냐로 다툼이 일지 않도록 한다.

6 – 2) – (2)

여행을 떠나요

학년 반 번

이름

※ 민우는 여수에 살고 있습니다. 방학 때 친구들과 22일-29일 7일간 서울로 여행을 떠나려고 한다. 다음은 23일 기준의 표와 그래프이다. 다음을 보고 물음에 답해 보자.

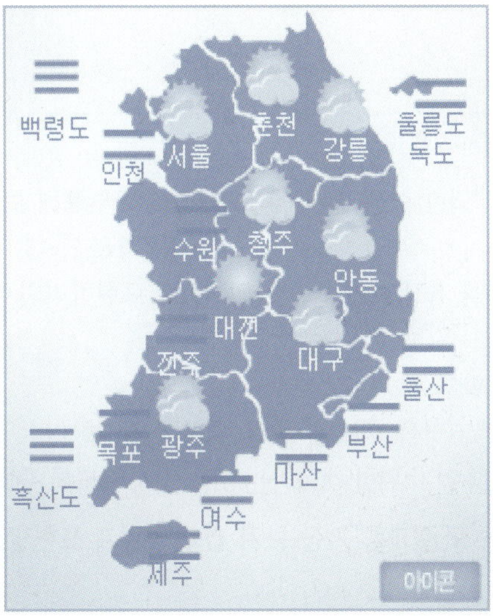

• 지역선택 | • 도별 선택 서울인천경기 • 지역선택 서울 확인

• 도시별 예보 | 서울 내지역설정 예 아니요

날짜	07월 23일(수)						
시간	00-03	03-06	06-09	09-12	12-15	15-18	18-21
기온(℃)	23	23	22	24	26	28	27 / 26
강수확률(%)	20	20	20	30	30	30	30
날씨							
풍향/풍속(m/s)	동 0-2	북서 0-2	남서 0-2	남서 0-2	남 0-2	동 0-2	동 0-2

• 일일·주간예보 | 서울

날짜	날씨	풍향/풍속	기온(℃) 최저	기온(℃) 최고	강수확률(%) 오전	강수확률(%) 오후
22일(화)	구름많음	남서-서	-	-	-	20
23일(수)	차차흐려져밤부터비,아침안개	남동-남서	22	28	30	60
24일(목)	흐리고비	남동-남서	23	27	-	-
25일(금)	흐리고비		24	28	-	-
26일(토)	흐리고비후갬		24	29	-	-
27일(일)	구름많음		24	30	-	-
28일(월)	구름조금		24	31	-	-
29일(화)	구름많음		24	30	-	-

1. 민우가 오전 23일 6시에 집에서 출발하여 서울에 11시 경에 도착 예정이다. 이때 서울의 기온은 몇 도로 예상할 수 있을까?

약 25.2도

2. 23일 민우가 여수에서 광주, 대전을 거쳐 서울로 가려고 한다. 두 도시의 날씨가 어떤지 적어보자.

• 광주 : 구름 많음 • 대전 : 맑음

3. 민우가 서울에서 자유롭게 야외활동을 할 수 있는 날은 며칠 동안이라고 볼 수 있는지 생각해보자.

5일

자료는 관리하기 나름

6 – 2) – (3)

인기투표

학습주제 자료 표현하기

학습목표 자료를 다양한 방법으로 표현할 수 있다.

교수모형 문제 해결 수업 모형

활용매체 실물 화상기

준 비 물 여러 가지 자료 표현 예시, 색연필, 자, 활동지

<table>
<tr><th>원리탐구단계</th><th>이렇게 지도하세요</th></tr>
<tr><td>문제를 이해하기</td><td>• 우리 학교 6학년 중에서 우리 반을 제외한 학생 들 중 후보 선정하여 투표해 보기
▶ 활동지 6-2)-(3) 1&2번
- 가장 인기 있는 친구 찾아 투표 결과를 가장 보기 쉽고 창의적으로 표현하려면 어떻게 해야 할까?
- 1위-3위까지 뽑는 것을 조건으로 한다.
- 추천이 가장 많이 들어온 순서대로 6명을 후보에 올려 투표를 실시한다.
※ 인기 투표의 목적은 수학적 자료를 얻기 위한 것이라는 것을 잊지 않도록 주의한다.</td></tr>
<tr><td>문제 해결 계획을 수립하기</td><td>• 다양한 자료 표현 방법을 알아보고 투표 결과를 가장 보기 쉽고 알맞게 표현할 수 있는 것이 어떤 것인지 생각해보기
※ 여러 가지 표현 방법 중 가장 효과적인 것을 모둠별로 상의한다.
※ 자료를 효과적으로 전달하는 것, 창의적인 것을 모두 생각하도록 안내한다.
• 보기 쉬운 것, 흥미를 끄는 것, 창의적인 것, 자료의 특성을 잘 나타낼 수 있는 것 등으로 나누어 생각해 보고 가장 적절한 것 고르기</td></tr>
<tr><td>해결 계획을 실행하기</td><td>• 투표 결과를 확인하고 통계 자료로 나타내기 ▶ 활동지 6-2)-(3) 3번
※ 자료를 나타낼 때는 보는 사람을 생각하여 만들도록 한다.
※ 창의성이나 흥미성에 너무 치우치지 않도록 하고, 정보의 전달이 우선임을 알려준다.</td></tr>
<tr><td>반성하기</td><td>• 모둠별로 실물화상기에 올려놓고 사용한 표현 방법 및 그 까닭을 설명하기
▶ 활동지 6-2)-(3) 4번
• 다음과 같이 모둠별 평가표를 작성하여 점수주기
<table><tr><th>정확성</th><th>창의성</th><th>심미성</th></tr><tr><td>60</td><td>20</td><td>20</td></tr></table></td></tr>
</table>

자료는 관리하기 나름

6-2)-(3)

인기투표

학년 반 번

이름

※ 인기투표를 하려고 한다.

1. ○○초등학교에서 가장 인기 있다고 생각되는 학생을 남, 여 3명씩 추천해 보자.

1) 남 : 정수, 한슬, 성진

여 : 지은, 혜윤, 우진

2) 추천이 가장 많이 들어온 6명을 정리하여 보자.

남	정수	한슬	성진
여	지은	혜윤	우진

2. 남, 여 투표 결과를 표로 나타내 보자.

이름(남)	득표 수	이름(여)	득표 수
정수	73	지은	95
한슬	61	혜윤	48
성진	46	우진	37

3. 투표 결과를 내가 원하는 그래프로 나타내 보자.

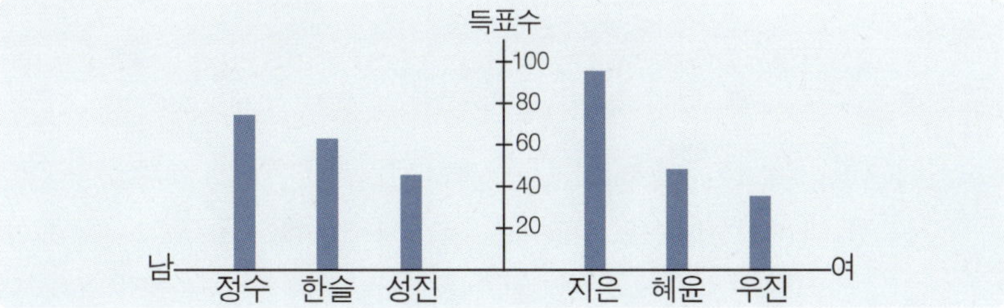

4. 3에서 사용한 그래프를 발표해 보고, 그 그래프를 사용한 이유를 말해 보자.

막대그래프 - 남, 여 각 학생의 득표현황을 한눈에 알아보기 쉽다.

6-3)

Oz와 프랙탈

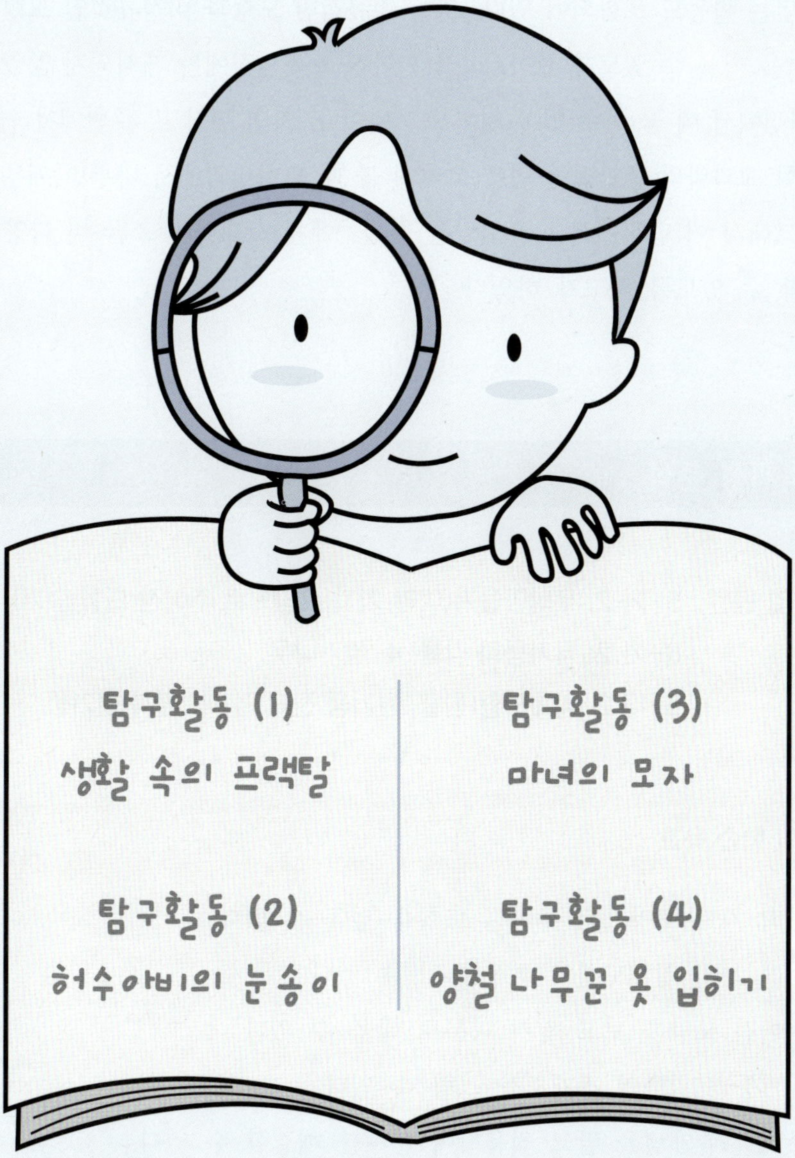

1 탐구 활동 개요

5, 6 학년의 도형 영역에서는 직육면체와 정육면체의 성질, 합동과 대칭, 각기둥과 각뿔, 쌓기 나무 활동 등이 나온다. 도형에 관련된 여러 가지 활동을 통하여 겨냥도, 전개도 등을 이해하고 그릴 수 있으며 일정한 모양의 평면 도형으로 주어진 도형을 접거나 빈틈이 없도록 덮는 활동도 포함되어 있다. 또한 정규적인 도형과 비정규적인 도형을 제공하여 공간감각을 키울 수 있도록 한다. 그러나 아직 교육과정에는 제시되지 않았지만 최근 수학 교육과정에서 빼 놓을 수 없는 것이 프랙탈이다. 자연 현상 및 주변에서 쉽게 찾아볼 수 있고 과학 교과와의 통합적인 면을 고려해 볼 때 도형영역에서 다루면 매우 효과적인 소재이다. 그래서 이 단원에서는 프랙탈을 학생들에게 소개하여 조금 더 다양한 도형의 세계를 접할 수 있도록 하고자 하였다.

2 교육과정 분석

[1] 학년 및 단원 : 5-가 2. 무늬만들기(여러 가지 모양으로 주어진 도형 덮기)
6-가 2. 각기둥과 각뿔, 4. 쌓기나무
6-나 2. 입체도형(원뿔, 원기둥 전개도), 4. 원과 원기둥

[2] 단원의 학습 목표

① 여러 가지 모양으로 주어진 도형을 덮을 수 있다.
② 여러 가지 입체도형의 특성을 알 수 있다.
③ 주어진 모양을 보고 쌓기 나무로 쌓을 수 있다.
④ 원기둥과 원뿔의 전개도를 그릴 수 있다.
⑤ 프랙탈의 개념을 알고 적용하여 문제를 해결할 수 있다.

[3] 학습의 흐름

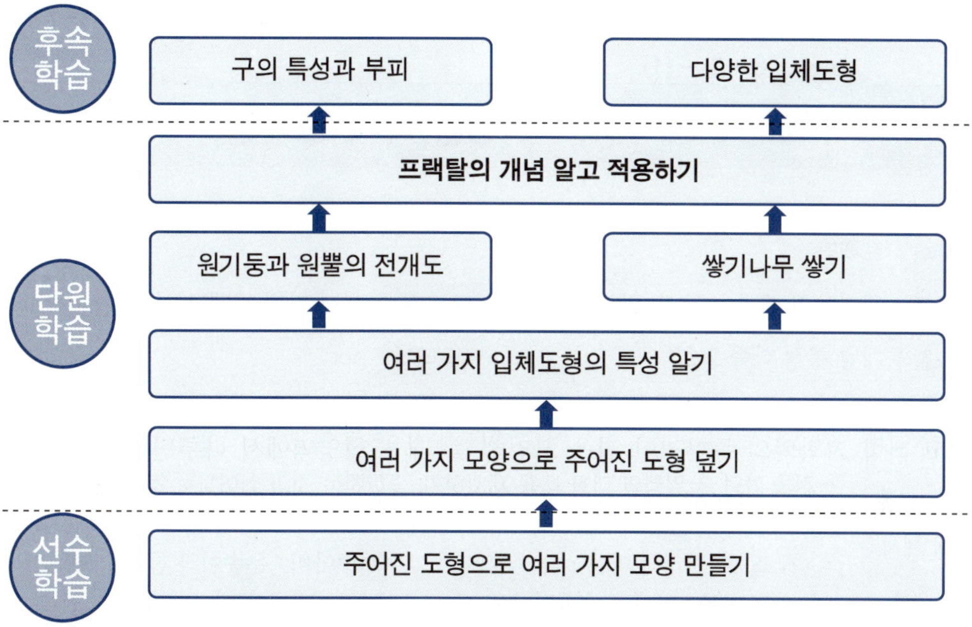

3 탐구 활동의 전개 계획

활동명	주제	수업 내용 및 활동	활동내용	수학 원리	관련 영역	관련 단원
생활 속의 프랙탈	프랙탈의 개념	• 주변의 여러 현상 분류하기 • 프랙탈의 개념 알기 • 프랙탈과 프랙탈이 아닌 것 분류하기	• 프랙탈과 프랙탈이 아닌 것을 분류하는 활동을 통해 프랙탈의 개념을 아는 활동을 한다.	프랙탈	규칙성과 함수 (규칙성과 문제 해결)	* 5-가 2. 무늬 만들기 * 6-가 2. 각기둥과 각뿔 4. 쌓기나무 * 6-나 2. 입체도형 4. 원과 원기둥
허수아비의 발견	코흐의 눈송이 곡선	• 코흐의 눈송이 곡선의 규칙 찾아서 그리기 • 코흐의 눈송이 곡선의 한 단계 그려보기	• 코흐의 눈송이 곡선 만들어 보는 활동을 한다.			
마녀 모자 만들기	시어핀스키 삼각형	• 시어핀스키 삼각형의 규칙 찾아보기 • 시어핀스키 삼각형의 규칙에 따라 그리기	• 시어핀스키 삼각형으로 마녀 모자 만들기 활동을 한다.			
양철 나무꾼 옷 입히기	시어핀스키 카펫	• 시어핀스키 사각형의 규칙 찾아보기 • 시어핀스키 사각형의 규칙에 따라 그리기	• 시어핀스키 카펫으로 양철 나무꾼 옷 입혀주는 활동을 한다.			

4 탐구 활동의 실제

Oz와 프랙탈

6－3)－(1)

생활 속의 프랙탈

학습주제 프랙탈

학습목표 프랙탈의 개념을 알 수 있다. **준비물** 여러 가지 프랙탈 사진, 활동지

교수모형 개념 형성 학습 모형 **활용매체** ppt

원리탐구단계	이렇게 지도하세요
범례 제시	• 길을 가던 Oz일행의 대화 내용 제시하기. 좋아하는 것과 싫어하는 것을 찾아보기 ▶ **활동지 6－3)－(1)** - 오즈 : 고사리와 마녀 - 허수아비 : 눈송이와 참새 - 깡통 로봇 : 브로콜리와 빗방울 - 사자 : 번개와 개미
범례 분류	• 제시된 사물을 보고 기준을 세워 분류해 보기 ▶ **활동지 6－3)－(1) 1번** - 모양이 부분과 전체가 같은 것과 모양이 부분과 전체가 관련이 없는 것을 구분해본다. - 자신들이 찾아낸 공통점을 발표한다. ※ 그림은 프랙탈의 특성이 잘 드러나는 것으로 준비한다. ※ 스스로 분류할 수 있게 시간을 주되 잘 찾지 못할 경우 힌트를 제공한다.
공통의 성질 찾아 추상화	• 학생들이 분류한 것들의 공통점 찾아보기 ▶ **활동지 6－3)－(1) 2번** ※ 물론 분류를 하기 전에 기준을 세웠겠지만 학생들이 직접 말로 설명하면서 예상치 못 했던 오류가 드러나기도 하고, 다른 친구의 발표를 듣고 더 적절한 기준을 찾기도 하므로 꼭 발표를 통해 의견을 교환할 수 있도록 한다. ※ 학생들이 쉽게 부분과 전체의 관계를 말로 설명하기가 어려우므로 비슷한 내용으로 발표해도 인정해 주도록 한다.
개념의 도입	• 학생들이 발표를 마치면 프랙탈의 개념을 제시한다. ▶ **활동지 6－3)－(1) 3번** • 프랙탈의 의미를 제시하고 자신이 분류한 것과 같은지 비교해 보도록 한다. ※ 프랙탈의 개념이 쉽지 않을 수 있으므로 다양한 예시 자료를 통해 알 수 있도록 한다. ☞ 부분과 전체의 모습이 같을 것을 '프랙탈(fractal)'이라고 한다.
개념익히기	• 앞서 제시한 자료 외에 다양한 자료를 제시한 후 프랙탈과 프랙탈이 아닌 것을 구분하는 연습을 하도록 한다. ▶ **활동지 6－3)－(1) 4번** • 연습이 끝나면 주변에서 프랙탈을 찾아볼 수 있는 것들을 말해 보도록 한다. ☞ 학생들이 간혹 규칙적인 것과 부분과 전체가 같은 프랙탈을 혼동하는 경우가 있는데, 필요하다면 규칙적인 것이라고 해서 모두가 프랙탈이 아니라는 것을 예와 반례를 들어 설명해 주도록 한다.

Oz와 프랙탈

6－3)－(1)

생활 속의 프랙탈

학년 반 번

이름

※ 오즈와 사자, 깡통 로봇, 허수아비가 길을 가고 있었다. 넷은 서로 좋아하는 것과 싫어하는 것을 말해 보기로 했다. 오즈는 고사리와 마녀, 허수아비는 눈송이와 참새, 사자는 번개와 개미, 깡통 로봇은 브로콜리와 빗방울을 말했다.

◎ 넷이 말한 것들은 다음과 같다.

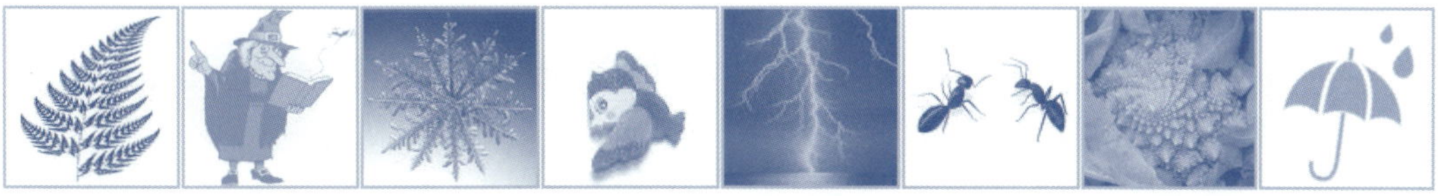

고사리 미녀 눈송이 참새 번개 개미 브로콜리 빗방울

1. 위의 그림을 기준을 나누어 분류해 보자.

◎ 내가 선택한 기준 :

고사리, 눈송이 번개, 브로콜리	마녀, 참새 개미, 빗방울

2. 위의 그림 중 부분과 전체의 모습이 같은 것은 어떤 것들인가?

〈부분과 전체가 같은 것〉	〈부분과 전체가 같지 않은 것〉
고사리, 눈송이 번개, 브로콜리	마녀, 참새 개미, 빗방울

3. 부분과 전체의 모습이 같은 것을 프랙탈(fractal) 이라고 한다.

4. 다음의 그림을 보고 부분과 전체의 모습이 같은 것을 찾아서 밑에 ○해 보자.

○ ○ ○ ○ ○

Oz와 프랙탈

6 – 3) – (2)

허수아비의 눈송이

학습주제 코흐의 눈송이 곡선

학습목표 코흐의 눈송이 곡선을 만들 수 있다. **준 비 물** 자, 연필, 활동지

교수모형 원리 탐구 수업 모형 **활용매체** ppt

원리탐구단계	이렇게 지도하세요
새로운 문제 상황 제시	• 문제 제시 ▶ **활동지 6–3)–(2)** - 길을 가던 Oz 일행 중 허수아비가 마녀에게 잡혔다. 마녀는 허수아비가 좋아하는 눈송이를 그려주면 허수아비를 풀어주겠다고 한다. 마녀가 건네 준 것은 삼각형이 그려진 종이 한 장, 자, 연필 뿐. 마녀는 눈송이의 부분과 전체가 모양이 같아야 한다고 조건을 제시했다. ※ 문제의 조건을 잘 알려준 후, 부분과 전체의 모양이 같아야 함을 강조한다.
수학적 원리의 필요성 인식	• 삼각형 하나로 눈송이 모양을 만들 수 있는 방법을 모둠별로 토의해 보기 ▶ **활동지 6–3)–(2) 1번** ※ 학생들이 브레인스토밍을 통하여 다양한 방법을 제시할 수 있도록 안내한다. ※ 시간이 너무 오래 흐르면 아이들이 흥미를 잃을 수 있으므로 적당한 시기에 힌트를 제공한다. • 지난 시간에 배운 프랙탈 모양을 떠올리며 길이와 모양이 같도록 하는 방법을 생각하도록 안내하기
학습할 원리가 내재된 조작활동	• 삼각형의 한 변의 길이를 삼등분하여 시어핀스키 삼각형을 만드는 활동을 안내하기 ▶ **활동지 6–3)–(2) 2번** • 완성된 시어핀스키 삼각형 중 조건에 맞는 것을 오려서 눈송이를 완성하기 ※ 처음부터 규칙을 잘 적용하여 그리기 어려우므로 다른 종이에 연습을 한 후에 옮겨 그리도록 한다. ※ 한 변의 길이를 3등분 할 때는 자를 이용하여 정교하게 하도록 한다. ☞ 학생들이 빈 공간을 규칙에 따라 완성하면 '코흐의 눈송이 곡선'이라는 이름을 알려준다.
익히기 및 적용하기	• 코흐의 눈송이 곡선을 만드는 방법을 이용하여 칸토어 집합을 만들어 보기 ※ 어떤 모양이든 프랙탈이 될 수 있음을 안내한다. ☞ 칸토어 집합은 직선으로 이루어진 프랙탈이므로 학생들이 이해하기 어려울 수 있다. 여기서는 직선 하나만을 보지 말고 규칙대로 선을 그린 후 전체적인 모습을 파악하는 활동을 하도록 한다.

Oz와 프랙탈

6 – 3) – (2)

허수아비의 눈송이

학년 반 번
이름

◎ 길을 가던 오즈 일행 중 허수아비가 마녀에게 잡혔다. 마녀는 허수아비가 좋아하는 눈송이를 그려주면 허수아비를 풀어주겠다고 한다. 마녀가 건네 준 것은 삼각형이 그려진 종이 한 장, 자, 연필 뿐. 마녀는 눈송이의 부분과 전체가 모양이 같아야 한다고 조건을 제시했다.

1. 오즈의 일행은 모여서 머리를 맞대고 고민하다가 다음과 같은 방법을 찾아냈다. 다음의 그림은 어떤 규칙으로 만들어진 것일까?

◎ 내가 생각한 규칙 :

주어진 선분을 3등분하고, 가운데 부분을 정삼각형 모양으로 만든 후, 이 과정을 계속 반복한다.

2. 다음은 오즈의 일행이 마녀에게 그려주고 허수아비를 구한 그림이다. 빈 곳에는 어떤 그림이 들어가야 할까? 직접 그려 넣어 보자.

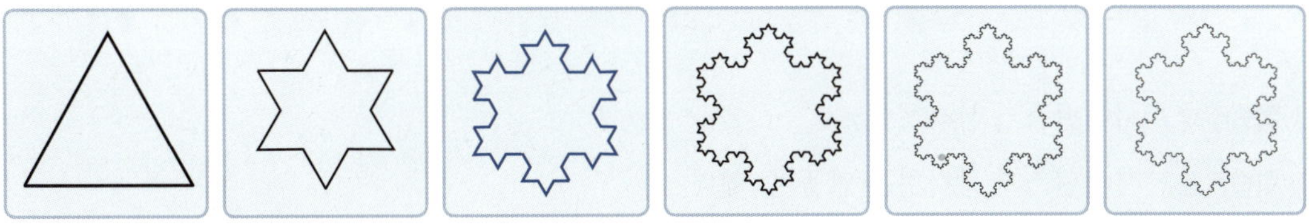

Oz와 프랙탈

6 – 3) – (3)

마녀의 모자

학습주제 시어핀스키 삼각형

학습목표 시어핀스키 삼각형을 만들 수 있다.

교수모형 문제 해결 학습 모형

준 비 물 미니북, 자, 연필, 풀, 문구용 칼, 활동지

활용매체 ppt, 실물 화상기

원리탐구단계	이렇게 지도하세요
문제를 이해하기	• 문제 제시 ▶ **활동지 6-3)-(3)** - 허수아비는 친구들의 도움으로 풀려났지만 갑자기 비가 오기 시작했다. 양철 나무꾼은 비를 맞으면 녹이 슨다며 주춤거리다가 마녀에게 잡히고 만다. 마녀는 양철 나무꾼을 빗속에 내버려 둔 채, 모자의 무늬를 만들어 주면 풀어주겠다고 한다. 마녀의 조건은 삼각형 하나를 모두 같은 삼각형이 27개로 나누어야 하며, 부분과 전체가 같아야 한다고 한다.
문제 해결 계획을 수립하기	• 삼각형 하나로 동일한 모양의 삼각형을 27개 만들 수 있는 방법이 있는지 모둠별로 토의하기 ▶ **활동지 6-3)-(3) 1번** ※ 학생들이 브레인스토밍을 통하여 다양한 방법을 제시할 수 있도록 안내한다. ※ 시간이 너무 오래 흐르면 아이들이 흥미를 잃을 수 있으므로 적당한 시기에 힌트를 제공한다. ※ 지난 시간에 배운 방법을 떠올려도 쉽게 방법을 찾기 어려우므로 교사가 적당한 힌트를 제공하여 방법을 안내한다.
해결 계획을 실행하기	• 삼각형 안에 각 변의 길이를 이등분 하는 삼각형을 가운데 그려 넣기. 같은 방법을 여러 번 반복하여 답을 구해내기 • 삼각형 모양을 오려 내어 마녀의 모자 그림 위에 붙이기 ▶ **활동지 6-3)-(3) 2번** ※ 삼각형의 한 변을 이등분 할 때는 자를 이용하여 가능한 정교하게 그린다. ※ 학습지의 도형의 크기가 작다고 생각될 때는 다른 종이에 그릴 수 있도록 안내한다.
반성하기	• 모둠별로 완성한 작품을 실물 화상기로 보여주며 어떻게 했는지 설명하기 ※ 각 모둠의 활동 내용이 크게 다르지 않겠지만, 수학적 의사소통의 면에서 발표는 매우 중요하므로 몇 모둠이 나와서 발표하는 시간을 반드시 갖는다.

Oz와 프랙탈

6－3)－(3)

마녀의 모자

학년 반 번

이름

※ 허수아비는 친구들의 도움으로 풀려났지만 갑자기 비가 오기 시작했다. 양철 나무꾼은 비를 맞으면 녹이 슨다며 주춤거리다가 마녀에게 잡혔다. 마녀는 양철 나무꾼을 빗속에 내버려 둔 채, 자신의 모자에 무늬를 만들어 주면 풀어주겠다고 한다. 마녀의 조건은 삼각형 하나 안에 모두 모양이 같은 삼각형이 27개가 되도록 나누어야 하며, 부분과 전체가 같아야 한다고 한다.

1. 다음은 오즈의 일행이 생각해낸 방법이다. 어떻게 하면 로봇이 풀려날 수 있을지 완성해 보자.

2. 완성된 그림을 찾아서 마녀의 모자에 붙여 보자.

Oz와 프랙탈

6 – 3) – (4)

양철 나무꾼 옷 입히기

학습주제 시어핀스키 카펫

학습목표 사각형을 이용하여 시어핀스키 카펫을 만들 수 있다.

교수모형 문제 해결 학습 모형

준 비 물 자, 활동지, 색연필, 사인펜, 풀, 연필, 계산기

활용매체 ppt, 실물 화상기

원리탐구단계	이렇게 지도하세요
문제를 이해하기	• 문제 상황 제시 ▶ **활동지 6-3)-(4)** - 오즈의 일행은 양철 나무꾼이 비 때문에 걱정하지 않게 하기 위해 옷을 만들어 입히기로 했다. 그런데 뒤를 따라오던 마녀가 이번에는 겁쟁이 사자를 잡고 조건을 걸었다. 양철 나무꾼에게 사각형 무늬의 옷을 만들어 입히되, 사각형이 모두 512개가 되어야 하며 부분과 전체가 같아야 한다고 했다.
문제 해결 계획을 수립하기	• 지난 시간에 배웠던 코흐의 눈송이와 시어핀스키 삼각형 만드는 방법을 되새기며 스스로 해결방법을 찾도록 안내하기 ▶ **활동지 6-3)-(4) 1번** • 사각형을 어떻게 하면 512개로 만들 수 있는지 모둠별로 토의하기 ※ 지난 시간의 시어핀스키 삼각형과 비슷한 방법임을 안내한다. ※ 방법이 비슷하더라도 초등학교 학생이 한 번에 답을 쉽게 찾아내기는 어렵다는 것을 염두에 둔다.
해결 계획을 실행하기	• 사각형 하나를 9등분 하여 가운데 있는 사각형 빼기 • 1단계-8개, 2단계-64개, 3단계 512개로 늘어나는 것을 확인하기 • 문제의 조건에 맞는 것을 오려내어 양철 나무꾼에게 입히기 ▶ **활동지 6-3)-(4) 2번** ※ 학생들 스스로 알아내기 어려울 수 있으므로 잠깐 완성작으로 보여주되 방법을 스스로 생각하도록 하는 방법도 있다. ※ 교사가 시어핀스키 카펫을 만드는 과정을 직접 실물 화상기로 보여주면서 함께 그리는 것이 학생의 이해를 돕는 데 효과적이다.
반성하기	• 해결 방법을 검토하기 ※ 풀이 방법은 같아도 각자 만든 색깔과 분위기가 다를 수 있으므로 실물 화상기를 이용해 자신이 완성한 학습지를 발표하도록 한다. ※ 수학적 의사소통을 고려하여 될 수 있으면 여러 명이 설명할 수 있도록 한다.

Oz와 프랙탈

6－3)－(4)

양철 나무꾼 옷 입히기

학년 반 번

이름

※ 오즈의 일행은 양철 나무꾼이 비 때문에 걱정하지 않게 하기 위해 옷을 만들어 입히기로 했다. 그런데 뒤를 따라오던 마녀가 이번에는 겁쟁이 사자를 잡고 조건을 걸었다. 양철 나무꾼에게 사각형 무늬의 옷을 만들어 입히되, 사각형이 모두 512개가 되어야 하며 부분과 전체가 같아야 한다고 했다.

1. 오즈 일행은 어떻게 해야 사자를 구할 수 있을지 적어보자. 다음 그림을 보고 생각해 보자.

◎ 어떤 규칙이 있는지 생각해보자.

2. 위의 그림 중 마녀의 조건에 맞아 떨어지는 무늬를 찾아 오려내어 양철 나무꾼에게 입혀 보자.

Part Ⅲ

수학 원리 탐구 프로그램 활동지

5학년 활동지

5 – 1) – (1)

우리 주변의 규칙

학년 반 번

이름

◎ 다음 그림을 보고 생각해 보자.

(1)

(2)

(3)

(4)

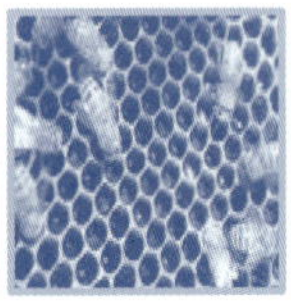

(5)

(6)

(7)

1. 위의 그림을 기준을 세워 두 가지로 분류해 보자.

1) 내가 세운 기준 :

2) 내가 세운 기준에 따라 그림을 분류해 보자.

가)	나)

2. 위에서 분류한 무리들의 공통점은 무엇일까?

가)의 공통점 :

나)의 공통점 :

3. 다음의 규칙을 찾아보자.

(1)

(2)

1 3 5 7 9 11 13 15 17

(3)

(1)의 규칙 :

(2)의 규칙 :

(3)의 규칙 :

생활 속의 규칙

5－1)－(2)

ISBN과 바코드

학년 반 번

이름

◎ 주말을 맞아 예린이는 이모와 함께 서점에 가서 책을 샀다. 이모는 영어로 된 책을 샀고 예린이는 우리나라에서 출판된 책을 샀다. 집에 와서 함께 새로 구입한 책을 꺼내 놓았는데, 두 사람의 책에 공통된 것이 붙어있었다. 바로 바코드였다.

(이모의 책)

23060

9 788996 034605

ISBN 978-89-960346-0-5

(예린이의 책)

1. 위에 제시된 바코드는 무엇으로 이루어져 있는지 관찰해 보자.

2. 그것들이 의미하는 것은 무엇인지 친구들과 간단히 이야기해 보자.

3. ISBN 뒤에 나오는 숫자들은 다음과 같다.

ISBN 뒤에 나오는 숫자의 규칙

국제표준도서번호 ISBN(International Standard Book Number)은 10자리 숫자로 이루어져 있고 크게 4개의 부분으로 분류할 수 있다. 978은 도서를 의미하고 그 뒤에 나오는 숫자부터 첫째 부분은 출판 국가, 둘째 부분은 출판사 번호, 셋째 부분은 출판사 내의 책 번호, 그리고 **마지막 부분은 체크 숫자**이다. 첫째 부분은 한 자리나 두 자리 숫자로 되어 있으며 출판사의 언어영역을 나타낸다. 영어권 국가는 0이나 1, 프랑스어는 2, 독일어는 3, 그리고 한국은 89이다.

(978은 생각하지 않는다.) 처음 9개의 숫자에 순서대로 10부터 2까지 곱한 다음 합하여 보자. 이 경우 ISBN의 마지막 숫자는 계산된 수로부터 가장 가까운 11의 배수를 만들기 위한 음(-)이 아닌 수이다. 즉, 9개의 숫자에 순서대로 10부터 2까지 곱한 다음 합한 수에 마지막 수를 더해서 11의 배수가 나와야 한다.

예) ISBN 89-544-0137-6을 생각해 보자. 처음 9개의 숫자에 순서대로 10부터 2까지 곱한 다음 합하여 보자. 그러면 280이 나온다. 이 경우 ISBN의 마지막 숫자는 280으로부터 가장 가까운 11의 배수를 만들기 위한 음(-)이 아닌 수이다. 즉, 280에 마지막 수를 더해서 11의 배수가 나와야 한다. 그러므로 마지막 수는 6이 되는 것이다.

4. 예린이가 산 책의 ISBN 숫자를 위와 같은 규칙으로 계산해 보고 마지막 체크 숫자가 맞는지 확인해 보자.

5. 자신의 책에 있는 ISBN 숫자를 보고 규칙에 맞는지 체크 숫자를 확인해 보자.

크래커는 과자가 아니었다

5 - 2) - (1)

크래커 속의 수학

학년 반 번

이름

◎ 다음 크래커를 보고 생각해 보자.

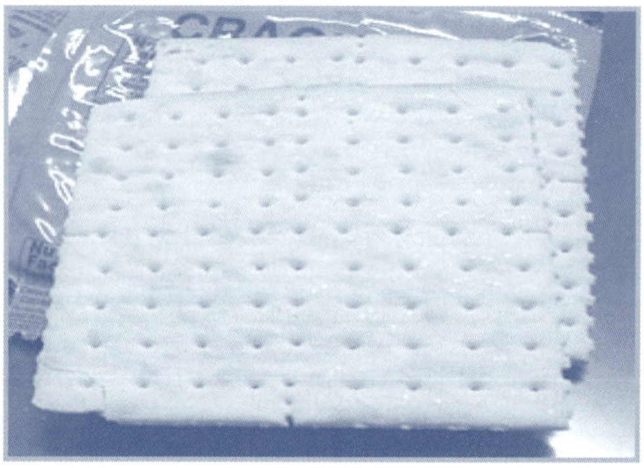

1. 위 크래커가 직사각형인 경우 넓이는 몇이 될까?

   (단, 점 사이의 간격은 1로 생각한다.)

2. 선생님이 크래커 위에 다음과 같은 그림을 그렸다. 다각형의 넓이는 어떻게 구할 수 있으며 얼마인지 다양한 방법으로 구해보자.

   (단, 점 사이의 간격은 1로 생각한다.)

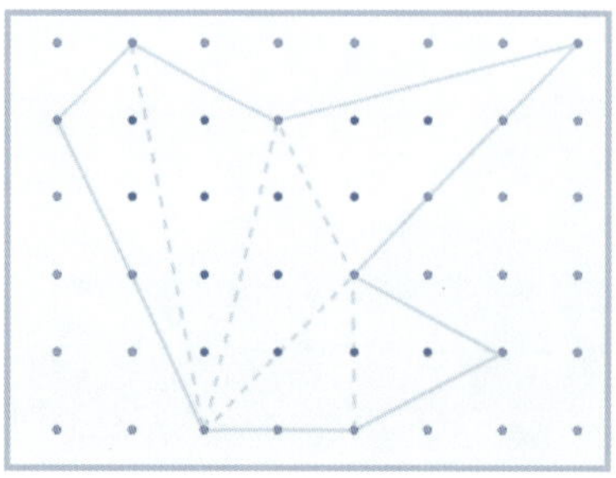

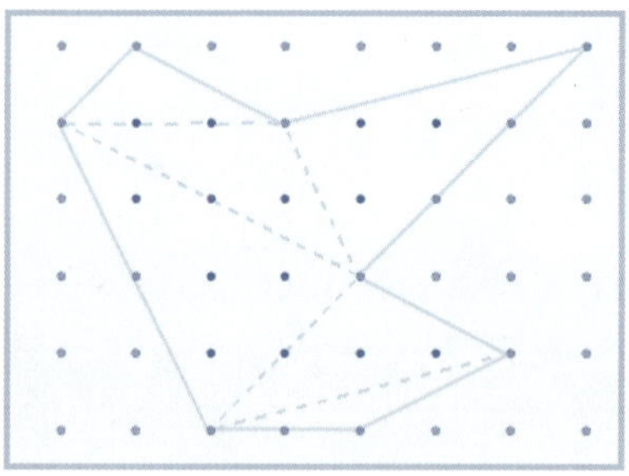

3. 다음의 방법을 사용하여 위 도형의 넓이를 구해보자.

다각형의 넓이 = 도형 내부의 점의 수 + (도형의 경계 위에 있는 점의 수 ÷ 2) – 1

4. 내가 한 방법과 위에 제시된 방법 중 어떤 것이 더 간단할까? 모눈종이 위에 여러 다각형을 그려보고 위와 같은 방법으로 넓이를 구해보자.

예)

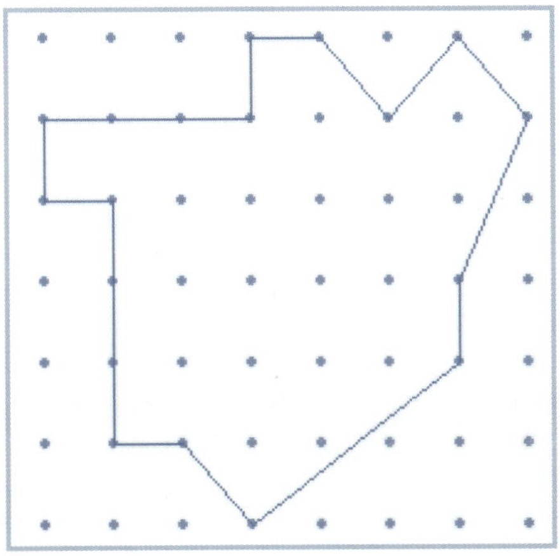

5 – 2) – (2)

고대 생물을 추적하라!

학년 반 번
이름

◎ 고고학자들이 화석을 발견했다. 화석에는 알 수 없는 동물의 발자국이 있는데, 어떤 동물인지 알 수가 없었다. 지금까지의 자료를 찾아보니 동물 발자국의 모양과 넓이로 어떤 동물인지 추측할 수 있다고 한다. 과연 이 동물은 어떤 동물일까?

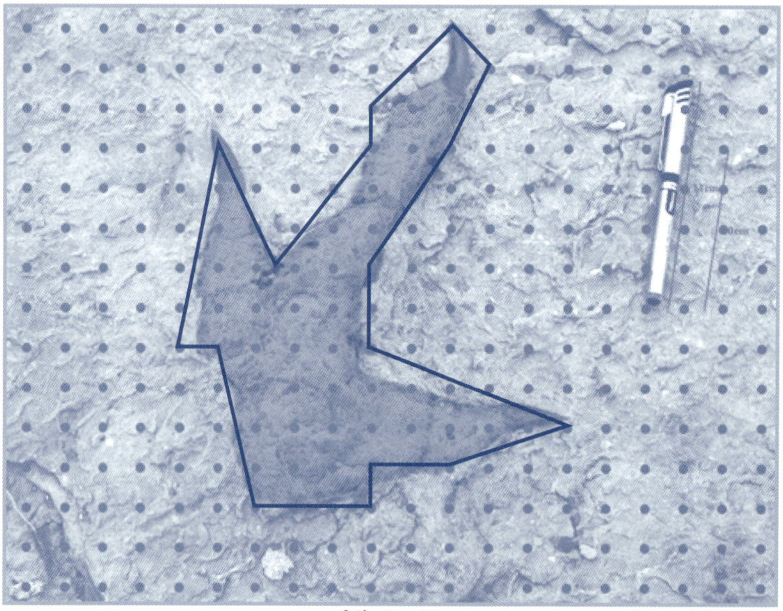

출처 : http://blog.mrmeyer.com/wp-content/uploads/080228_4.jpg

1. 위 발자국을 모양의 변화를 최소화 하되, 다각형으로 만들어 보자.

2. 다양한 방법을 이용하여 위 발자국의 넓이를 구해보자.
(점 사이의 간격은 1로 한다.)

1) 우리 모둠이 사용한 방법:

2) 식:

3) 답:

3. 위에 계산한 발자국의 넓이값을 보고, 어떤 동물인지 맞혀보자.

익룡
46-50

화식조
51-55

카스토르니스
56-60

5 – 3) – (1)

피보나치

학년 반 번

이름

◎ 다음 □안에 내가 생각한 수를 넣어보자.

1							
1	1						
1	2	1					
1	3		1				
1	4			1			
1			10		1		
1						1	
1			35				1

1. 어떤 규칙이 있는지 설명해 보자.

2. 빈 칸에 내가 생각한 수를 써보자.

◎ 다음을 보고 화살표 위에 규칙에 맞는 식을 써보자.

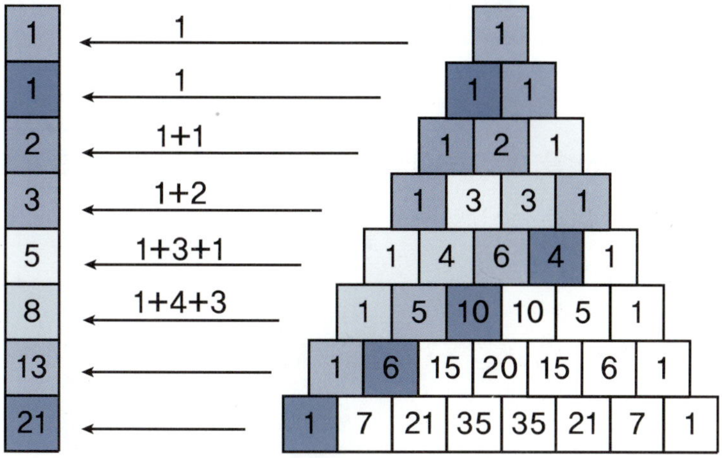

1. 어떤 규칙이 있는지 써보자.

2. 합해서 13이 되게 하려면 어떤 방법으로 더해야 하는지 색연필로 색칠한 후 식을 써보자.

3. 합해서 21이 되게 하려면 어떤 방법으로 더해야 하는지 색연필로 색칠한 후 식을 써보자.

4. 위와 같은 방법으로 얻어진 1, 1, 2, 3, 5, 8, 13, 21 … 과 같은 수들을 (   )이라고 한다.

5 – 3) – (3)

식물 속의 피보나치 수

학년 반 번
이름

◎ 다음은 우리가 주변에서 볼 수 있는 식물들이다. 바구니에 담겨진 식물들을 에 어떤 수가 숨어 있는지 알아보자.

1. 식물들을 관찰해 보자.

1) 꽃잎은 몇 장인지 차례대로 세어 보자. 얼마인가?

2) 선인장의 잎 수를 위에 나온 방법대로 선을 긋고 세어보자. 얼마인가?

3) 해바라기 씨의 수를 선을 긋고 세어보자. 얼마인가?

4) 솔방울 잎의 수를 선을 긋고 세어보자. 얼마인가?

2. 위에서 찾은 수를 크기가 작은 순으로 써보자.

3. 2번에서 나열한 수들은 무엇과 같은지 생각해보자.

피보나치의 세계

5－3)－(3)

피보나치와 황금비

학년 반 번

이름

◎ 다음 바구니 안의 물건을 살펴보며 물음에 답해 보자.

명함, A4용지, 카드, 개미사진

1. 바구니에 있는 물건의 길이를 재어 표 안에 써보자.

	명함	A4	카드
세로			
가로			
세로 : 가로			

2. 개미 사진을 확대한 것이다. 사진을 보고 머리, 가슴, 배의 길이를 재어 보고 비를 구해보자.

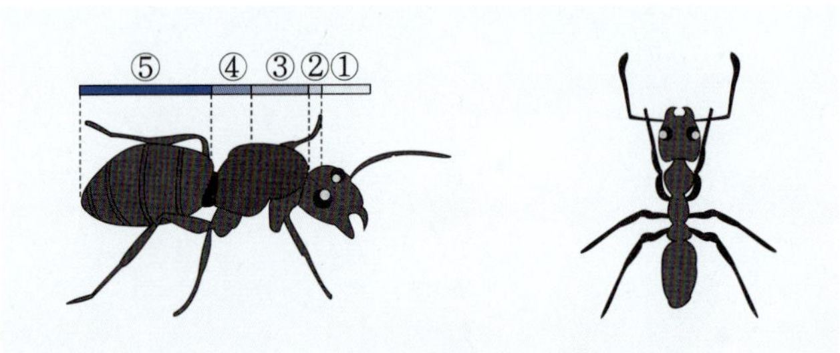

	①	②	③	④	⑤
길이					

1) ②와 ③의 비, ③과 ④의 비를 구해보자.

◎ 피보나치수열과 황금비에 대해 알아보자.

1. 피보나치수열을 써보자.

2. 다음의 비의 값을 써보자. (계산기를 이용하여 소수점 셋째자리까지 나타낸다.)

	$\frac{3}{2}$	$\frac{5}{3}$	$\frac{13}{8}$	$\frac{21}{13}$	$\frac{34}{21}$	$\frac{55}{34}$
비의 값						

3. 위에서 나타낸 비의 값은 뒤로 갈수록 무엇과 닮아가고 있는가?

4. (   )은 사람들이 가장 편안하고 아름답게 느끼는 비율로 알려져 있으며, 이런 이유 때문에 옛날부터 건축과 미술 등에서 자주 이용되어 왔다.

5－3)－(4)

피보나치의 세계

피보나치의 나선

학년 반 번

이름

◎ 피보나치의 나선으로 앵무조개를 그려보자.

1. 모눈종이에 규칙에 따라 피보나치의 수로 정사각형을 만들어 색칠해 보자.

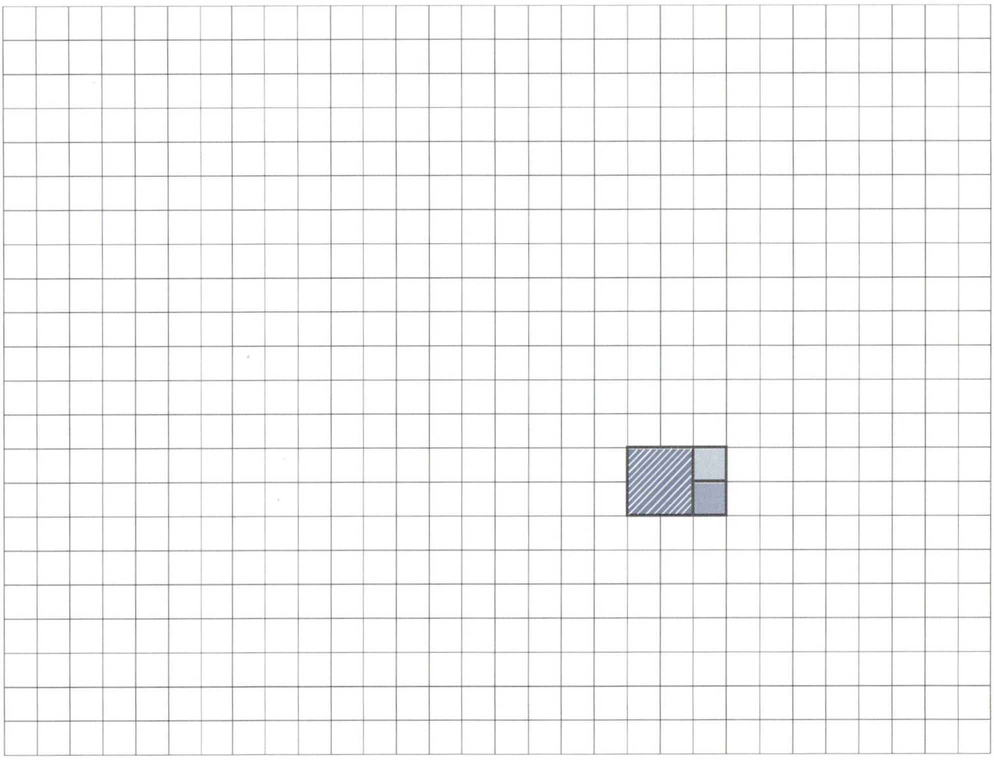

2. 색칠된 정사각형에 다음과 같이 각각 대각선을 그은 후 컴퍼스를 이용해 반지름이 1,2,3… 인 원호를 사각형 위에 그려보자.

예)

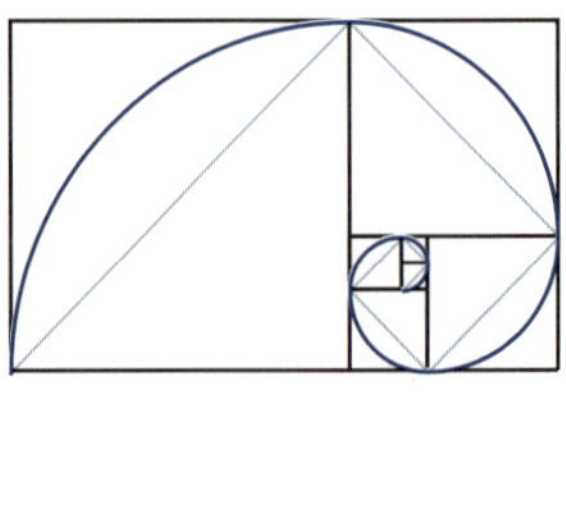

3. 아래의 그림과 비교하여 보자.

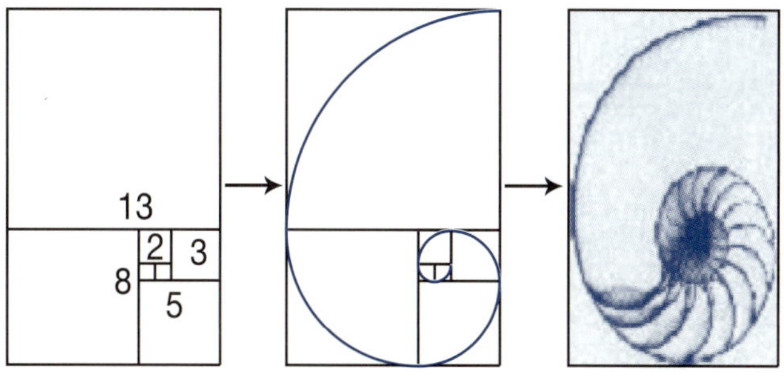

〈우리가 그린 과정〉

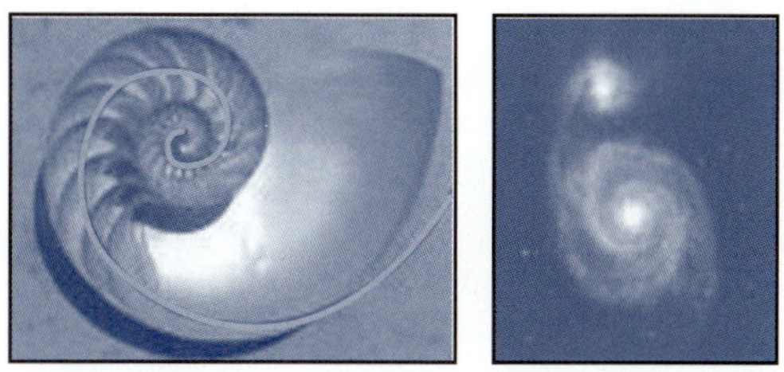

〈자연 속에 나타난 피보나치 나선〉

6학년 활동지

1) 부피로 하는 survival 게임
   6-1)-(1) 똘똘이 스머프의 부피 구하기
   6-1)-(2) 유리구슬 물에 띄우기
   6-1)-(3) Survival~ 부피가 가장 작은 배로 살아남기
2) 자료는 관리하기 나름
   6-2)-(1) 나의 뇌 타입
   6-2)-(2) 여행을 떠나요
   6-2)-(3) 인기투표
3) Oz와 프랙탈
   6-3)-(1) 생활 속의 프랙탈
   6-3)-(2) 허수아비의 눈송이
   6-3)-(3) 마녀의 모자
   6-3)-(4) 양철 나뭇꾼 옷 입히기

부피로 하는 Survival 게임

6 – 1) – (1)

똘똘이스머프의 부피 구하기

학년 반 번

이름

◎ 스머프 마을의 봄. 똘똘이 스머프는 오늘도 자기 자랑 일색이다. 그런데 길을 가다가 스머페트를 만났다. 스머페트는 여러 가지 물건을 가지고 있었는데 그것들의 부피를 구하고 있었다. 똘똘이 스머프는 잘난 척이 하고 싶어서 물건을 나누어 가진 다음 물건들의 부피의 합이 큰 사람이 적은 사람에게 딸기 파이를 하나 받자고 했다. 스머페트는 알겠다고 하며 물건을 나누기 시작했는데 ..

준비물 : 비커, 물

1. 다음의 물건을 가위 바위 보를 하여 하나씩 가져가보자.

유리구슬 4개, 직육면체 모양의 지우개, 정육면체 블록, 삼각기둥 블록, 원기둥 블록, 삼각뿔 블록, 네모난 상자, 책, 티스푼, 작은 포크, 각 설탕 6개, 말굽자석 2개

◎내가 가져간 물건:

◎친구가 가져간 물건:

2. 내가 가져간 물건의 부피를 계산하여 보자.

1) 식을 세워 해결할 수 있는 물건의 부피를 계산해 보자.

2) 식을 세우는 것만으로 해결할 수 없다면 어떤 방법으로 부피를 알 수 있는지 생각해보자.

3) 2)번에서 생각한 방법으로 나머지 물건의 부피를 구해보자.

4) 내가 가져온 물건의 총 부피를 얼마인가?

3. 친구가 가져간 물건의 총 부피와 내가 가져온 물건의 총 부피 중 어느 것이 더 큰지 적어보자.

부피로 하는 Survival 게임

6 – 1) – (2)

유리구슬 물에 띄우기

학년　반　번
이름

◎ 편리스머프는 무엇이든 해결할 수 있는 능력이 있다. 그런데 어느 날 아기 스머프들이 똑같은 유리구슬 두 개를 들고 와서 이상한 부탁을 했다. 하나는 물에 띄우고 다른 하나는 가라앉게 해 달라는 것이다. 편리 스머프는 말도 안 된다며 아기 스머프들을 돌려보내려고 했다. 그러자 파파 스머프는 편리스머프에게 풍선 두 개를 건네주며 해보라고 했다. 과연 편리스머프는 어떻게 해결할 수 있을까?

1. 우리 주변에서 무거운 물체이지만 물에 뜨는 것들은 어떤 것이 있는지 생각해 보자.

2. 1번에서 말한 것들은 어떻게 해서 물에 뜰 수 있을지 적어보자.

3. 풍선+유리구슬을 한 세트로 하여 하나는 물에 띄우고 다른 하나는 물에 가라앉게 할 수 있는 방법을 생각해 보자.

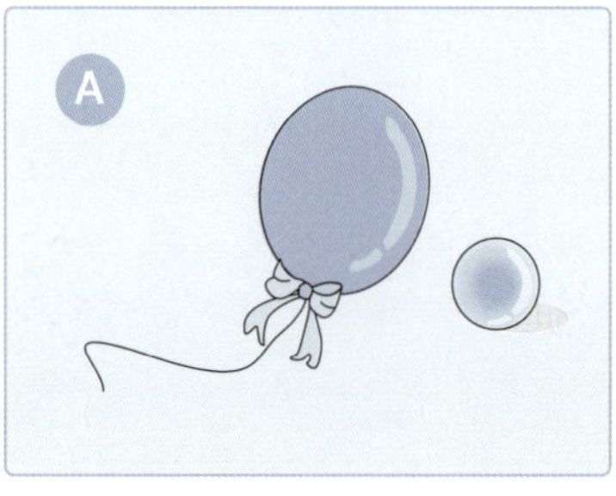

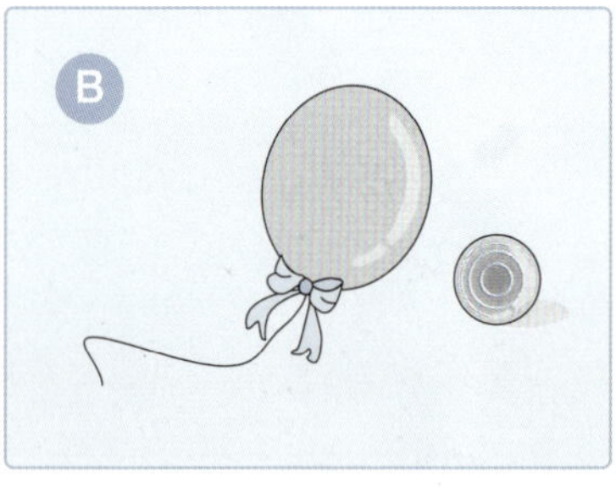

1) 유리구슬 두 개의 무게를 전자저울로 재어 보자. 얼마인가?

2) 유리구슬을 수조에 넣어 보고, 어떻게 되는지 생각해 보자.

3) 풍선 하나를 불어서 수조에 넣어 보고, 어떻게 되는지 생각해 보자.

4) A의 풍선 속에 유리구슬을 넣고 크게 불어 보자. B의 풍선은 유리구슬을 넣고 그대로 둔다.

5) 유리구슬이 들어있는 두 개의 풍선을 동시에 수조에 띄워 보자.

4. A와 B의 공통점과 차이점은 무엇일까?

공통점 :

차이점 :

5. 질량이 같을 경우 어떻게 해야 물에 뜰 수 있을지 적어보자.

부피로 하는 Survival 게임

6－1)－(3)

Survival~ 부피가 가장 작은 배로 살아남기

학년 반 번

이름

◎ 평화로운 스머프 마을에 늘 걱정거리가 있으니 바로 가가멜이다. 스머프를 잡아먹으려고 늘 기회만 노리던 가가멜이 편리스머프를 잡아갔다. 파파스머프는 편리를 구하기 위해 가가멜은 찾아갔는데, 가가멜은 가로x세로가 10cmx10cm인 은박지를 한 장 던져주며 직육면체의 모양으로 가장 작게 배를 만들어 오면, 그 배에 편리 스머프를 태워 보내주겠다고 했다. 파파 스머프는 마을로 돌아와 여러 개의 팀을 나누어 은박지로 가장 작은 부피가 나가는 배를 만들자고 했다. 가장 빨리 만드는 팀에게는 딸기파이를 상으로 주기로 했다. 과연 스머프들은 편리스머프를 구할 수 있을까?

1. 다음 재료를 이용하여 가장 직육면체 모양의 작은 은박지 배를 만들어 보자.

(계산기)

(전자저울)

(10cm x 10cm의 은박지)

2. 우리 모둠의 아이디어를 적고 실행해 보자.

3. 다음의 방법으로 배를 만들어 보자. 혹은 다른 방법으로 배를 만들어 보자.

1) 은박지의 무게를 재어 보자.

2) 배의 부피가 얼마 이상이 되어야 물에 뜰 수 있을지 적어보자.

3) 배의 가로, 세로, 높이를 얼마로 해야 될지 적어보자.

4) 3)에서 구한대로 직육면체 모양의 배를 만들어 보고 수조에 띄워 보자.

4. 우리 모둠이 생각한 방법을 발표해 보자.

6－2)－(1)

자료는 관리하기 나름!

나의 뇌 타입

학년 반 번

이름

※ 사람의 뇌는 좌뇌와 우뇌로 구분되며 개인마다 어느 한쪽 뇌를 더 많이 쓴다고 한다. 그리고 어느 쪽 뇌를 더 많이 쓰느냐에 따라 그 사람의 성향이 다르다고 한다. 나는 좌뇌형일까 우뇌형일까? 아래의 여러 가지 자료를 제시한 방법으로 알아보자.

1. 다음의 자료를 나의 기준을 만들어 공통점이 있는 것끼리 묶어 보자.

1

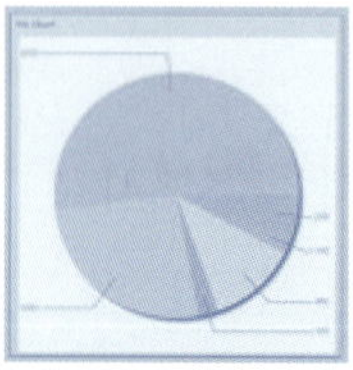

2

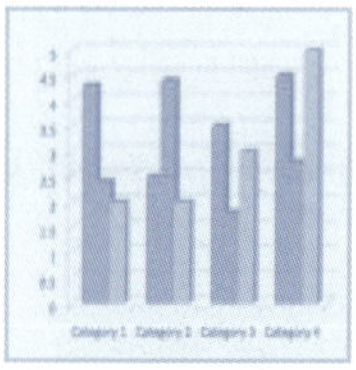

3

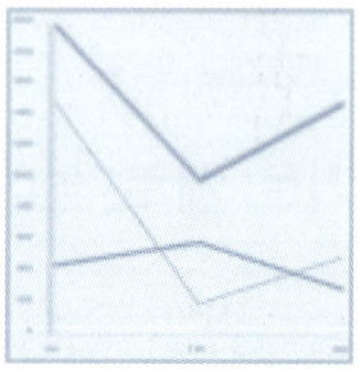

4

5

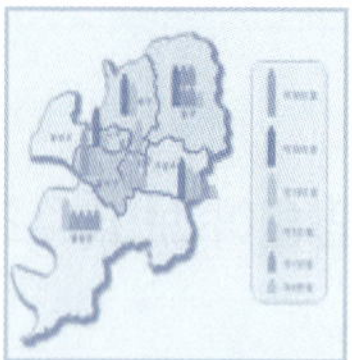

6

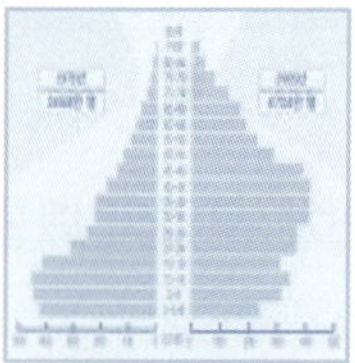

7

• 젓갈세트 품목별 가격표

새우젓 10,000원	오징어젓 6,000원
특창난젓 10,000원	청어알젓 12,000원
꼴뚜기젓 6,000원	아가미젓 8,000원
멍게젓 15,000원	젓갈쌈장 6,000원
굴젓 10,000원	토하젓 10,000원

• 기타 구성 및 상담 문의 : 강경종합젓갈 080-025-7000

8

2. 같은 것으로 묶은 자료의 공통점은 무엇일까?

3. 자료를 표현한 특성에 따라 다음의 이름에 맞게 분류해 보자.

막대그래프	원그래프	꺾은선그래프	그림그래프	표

4. 내가 보기에 가장 편리한 자료는 무엇이라고 생각하는지 적어보자.

5. 내가 선택한 자료의 특성과 아래에 나와 있는 뇌의 특성을 보고 나는 어느 쪽 뇌를 많이 사용하는지 생각해 보자. (단, 절대적인 것이 아니다.)

<좌뇌>
분석
논리
수
분석적
이성적
과학적
정형

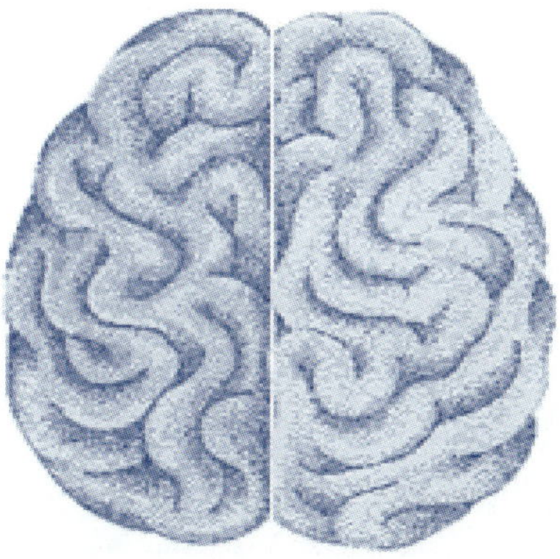

<우뇌>
전체적
통찰
감성
예술
그림
음악
비정형

6 – 2) – (2)

자료는 관리하기 나름

여행을 떠나요

학년 반 번

이름

※ 민우는 여수에 살고 있습니다. 방학 때 친구들과 22일-29일 7일간 서울로 여행을 떠나려고 한다. 다음은 23일 기준의 표와 그래프이다. 다음을 보고 물음에 답해 보자.

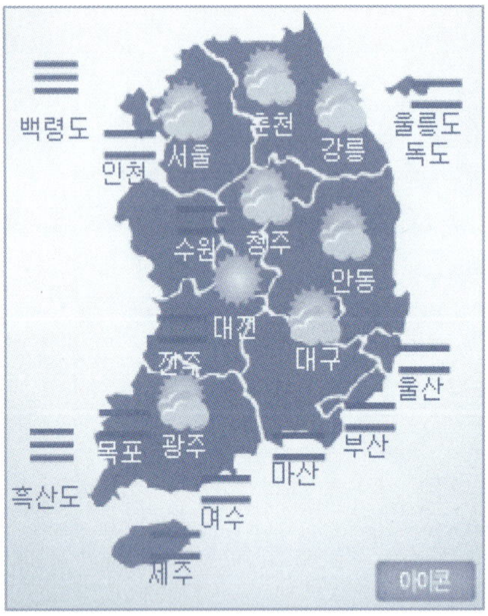

• 지역선택 | • 도별 선택 서울인천경기 • 지역선택 서울 • 확인

• 도시별 예보 | 서울 내지역설정 ⊙ 예 ○ 아니요

날짜	07월 23일(수)						
시간	00-03	03-06	06-09	09-12	12-15	15-18	18-21
기온(℃)	23	23	22	24	26	28	27
강수확률(%)	20	20	20	30	30	30	30
날씨							
풍향/풍속(m/s)	동 0-2	북서 0-2	남서 0-2	남서 0-2	남 0-2	동 0-2	동 0-2

• 일일·주간예보 | 서울

날짜	날씨	풍향/풍속	기온(℃) 최저	기온(℃) 최고	강수확률(%) 오전	강수확률(%) 오후
22일(화)	구름많음	남서-서	-	-	-	20
23일(수)	차차흐려져밤부터비,아침안개	남동-남서	22	28	30	60
24일(목)	흐리고비	남동-남서	23	27	-	-
25일(금)	흐리고비		24	28	-	-
26일(토)	흐리고비후갬		24	29	-	-
27일(일)	구름많음		24	30	-	-
28일(월)	구름조금		24	31	-	-
29일(화)	구름많음		24	30	-	-

1. 민우가 오전 23일 6시에 집에서 출발하여 서울에 11시 경에 도착 예정이다. 이때 서울의 기온은 몇 도로 예상할 수 있을까?

2. 23일 민우가 여수에서 광주, 대전을 거쳐 서울로 가려고 한다. 두 도시의 날씨가 어떤지 적어보자.

• 광주 : • 대전 :

3. 민우가 서울에서 자유롭게 야외활동을 할 수 있는 날은 며칠 동안이라고 볼 수 있는지 생각해보자.

자료는 관리하기 나름

6－2)－(3)

인기투표

학년 반 번

이름

※ 인기투표를 하려고 한다.

1. ○○초등학교에서 가장 인기 있다고 생각되는 학생을 남, 여 3명씩 추천해 보자.

1) 남 :

여 :

2) 추천이 가장 많이 들어온 6명을 정리하여 보자.

남			
여			

2. 남, 여 투표 결과를 표로 나타내 보자.

이름(남)	득표 수	이름(여)	득표 수

3. 투표 결과를 내가 원하는 그래프로 나타내 보자.

4. 3에서 사용한 그래프를 발표해 보고, 그 그래프를 사용한 이유를 말해 보자.

Oz와 프랙탈

6－3)－(1)

생활 속의 프랙탈

학년 반 번

이름

※ 오즈와 사자, 깡통 로봇, 허수아비가 길을 가고 있었다. 넷은 서로 좋아하는 것과 싫어하는 것을 말해 보기로 했다. 오즈는 고사리와 마녀, 허수아비는 눈송이와 참새, 사자는 번개와 개미, 깡통 로봇은 브로콜리와 빗방울을 말했다.

◎ 넷이 말한 것들은 다음과 같다.

고사리

미녀

눈송이

참새

번개

개미

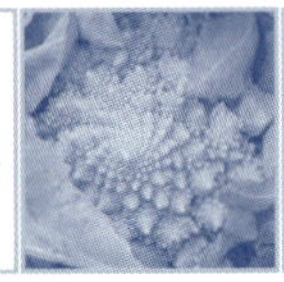
브로콜리

빗방울

1. 위의 그림을 기준을 나누어 분류해 보자.

◎ 내가 선택한 기준 :

2. 위의 그림 중 부분과 전체의 모습이 같은 것은 어떤 것들인가?

〈부분과 전체가 같은 것〉	〈부분과 전체가 같지 않은 것〉

3. 부분과 전체의 모습이 같은 것을 ____________ 이라고 한다.

4. 다음의 그림을 보고 부분과 전체의 모습이 같은 것을 찾아서 밑에 ○해 보자.

6－3)－(2)

Oz와 프랙탈

허수아비의 눈송이

학년 반 번

이름

◎ 길을 가던 오즈 일행 중 허수아비가 마녀에게 잡혔다. 마녀는 허수아비가 좋아하는 눈송이를 그려주면 허수아비를 풀어주겠다고 한다. 마녀가 건네 준 것은 삼각형이 그려진 종이 한 장, 자, 연필 뿐. 마녀는 눈송이의 부분과 전체가 모양이 같아야 한다고 조건을 제시했다.

1. 오즈의 일행은 모여서 머리를 맞대고 고민하다가 다음과 같은 방법을 찾아냈다. 다음의 그림은 어떤 규칙으로 만들어진 것일까?

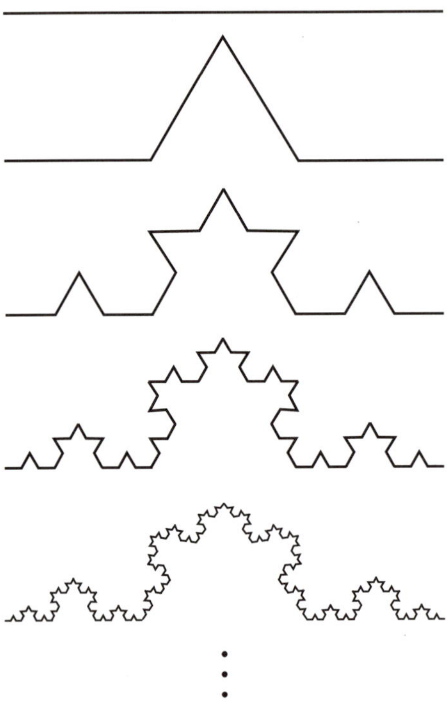

◎ 내가 생각한 규칙 :

2. 다음은 오즈의 일행이 마녀에게 그려주고 허수아비를 구한 그림이다. 빈 곳에는 어떤 그림이 들어가야 할까? 직접 그려 넣어 보자.

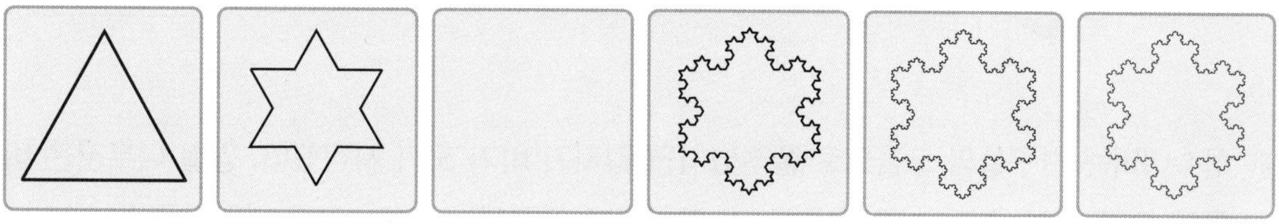

마녀의 모자

학년 반 번
이름

※ 허수아비는 친구들의 도움으로 풀려났지만 갑자기 비가 오기 시작했다. 양철 나무꾼은 비를 맞으면 녹이 슨다며 주춤거리다가 마녀에게 잡혔다. 마녀는 양철 나무꾼을 빗속에 내버려 둔 채, 자신의 모자에 무늬를 만들어 주면 풀어주겠다고 한다. 마녀의 조건은 삼각형 하나 안에 모두 모양이 같은 삼각형이 27개가 되도록 나누어야 하며, 부분과 전체가 같아야 한다고 한다.

1. 다음은 오즈의 일행이 생각해낸 방법이다. 어떻게 하면 로봇이 풀려날 수 있을지 완성해 보자.

2. 완성된 그림을 찾아서 마녀의 모자에 붙여 보자.

Oz와 프랙탈

6 – 3) – (4)

양철 나무꾼 옷 입히기

학년 반 번

이름

※ 오즈의 일행은 양철 나무꾼이 비 때문에 걱정하지 않게 하기 위해 옷을 만들어 입히기로 했다. 그런데 뒤를 따라오던 마녀가 이번에는 겁쟁이 사자를 잡고 조건을 걸었다. 양철 나무꾼에게 사각형 무늬의 옷을 만들어 입히되, 사각형이 모두 512개가 되어야 하며 부분과 전체가 같아야 한다고 했다.

1. 오즈 일행은 어떻게 해야 사자를 구할 수 있을지 적어보자. 다음 그림을 보고 생각해 보자.

◎ 어떤 규칙이 있는지 생각해보자.

2. 위의 그림 중 마녀의 조건에 맞아 떨어지는 무늬를 찾아 오려내어 양철 나무꾼에게 입혀 보자.

참고문헌

강미선(2005). 초등수학 놀이 BOOK. 서울: 김영사.

강미선(2005). 개념잡는 초등수학 사전. 서울: 김영사.

교육과학기술부(2009). 초등학교 교사용 지도서 수학 2-1. (주) 두산.

교육과학기술부(2009). 초등학교 교사용 지도서 수학 2-2. (주) 두산.

교육인적자원부(1999). 초등학교 교육과정 해설(IV)-수학, 과학, 실과. 서울: 대한교과서 주식회사.

교육인적자원부(2007). 초등학교 교육과정. 교육인적자원부.

권현직(2007). 재미있는 수학 이야기. 서울: (주)가나출판사.

김경자, 이경진, 유솔아(2005). 초등수학교육과정 개발의 실제. 서울: 교육과학사.

김민경, 홍지연, 김은경(2009). 수학적 모델링 사례 분석을 통한 초등 수학에서의 지도 방안 연구. 한국수학교육학회 학회지 시리즈 A 〈수학교육〉, 48(4), 365-385.

김영숙(2002). 수학체험반 활동자료(중등수학). 셈사랑연구회.

김용성(2000). 문제상황을 기초로 한 수학화 경험이 수학적 신념과 문제 해결력에 미치는 효과. 한국교원대학교 석사학위 논문.

김향숙 외 10명(2007). 문제중심 학습(PBL). 서울: 경문사.

다카하시세이치(2008). 초등인도 수학 1. 서울: 서울문화사.

다카하시세이치(2008). 초등인도 수학 2. 서울: 서울문화사.

루타 라이머, 윌버트 라이머(2007). 수학자도 사람이다 1. 서울: 이론과 실천.

루타 라이머, 윌버트 라이머(2007). 수학자도 사람이다 2. 서울: 이론과 실천.

마릴린 버스(2006). 천재들의 수학. 서울: 키다리.

박경미(2006). 수학콘서트. 서울: 동아시아.

박영훈(2007). 새로 쓰는 초등수학 교과서 시리즈(5권). 서울: 도서출판동녘.

배종수(2002). 생명을 살리는 수학. 서울: 삐에로 수학.

샤르탄 포스키트(1999). 수학이 또 수군수군. 서울: 김영사.

신수현(2007). 수학상점. 서울: 예림당.

안소정(2005). 생각이 확 열리는 생활수학. 서울: 동쪽나라.

안소정(2007). 오딧셈의 수학 대모험 시리즈(4권). 서울: 스콜라

안소정(2008). 꼬물꼬물 수학대모험. 서울: 뜨인돌 어린이.

야콥 펠럴만(2006). 살아있는 수학. 서울: 삐에로 써네스트.

이광연(2008). 수학의 역사. 서울: 살림출판사.

이다미(2008). 비교(단위편). 서울: 부즈펌 출판사.

이명옥(2005). 명화 속 신기한 수학 이야기. 서울: (주)시공사.

이시하라 기요타카(2007). 세상 밖으로 날아간 수학. 경기: 파란자전거.

이화여자대학교 사범대학 부속초등학교(2005). 학교교육과정 1학년. 서울: 학지사.

이화여자대학교 사범대학 부속초등학교(2005). 학교교육과정 2학년. 서울: 학지사.

이화여자대학교 사범대학 부속초등학교(2005). 학교교육과정 3학년. 서울: 학지사.

이화여자대학교 사범대학 부속초등학교(2005). 학교교육과정 4학년. 서울: 학지사.

이화여자대학교 사범대학 부속초등학교(2005). 학교교육과정 5학년. 서울: 학지사.

이화여자대학교 사범대학 부속초등학교(2005). 학교교육과정 6학년. 서울: 학지사.

조성실(2004). 즐거운 수학 시간 만들기. 서울: (주)우리교육.

조연순, 성진숙, 이혜주(2008). 창의성 교육. 서울: 이화여자대학교 출판사.

존 블랙우드(2006). 우리 주변의 수학. 서울: 섬돌 출판사.

죠지 G. 슈피로(2008). 수학의 사생활. 서울: 까치글방.

캐서린 셀드릭 로스(2002). 사각형. 서울: 비룡소.

캐서린 셀드릭 로스(2002). 삼각형. 서울: 비룡소.

캐서린 셀드릭 로스(2002). 원. 서울: 비룡소.

코라 리&길리언 오릴리(2007). 수학대소동. 서울: (주)다산북스.

크리스틴 달(2001). 우리 수학놀이하자. 서울: 김영사.

클라우디아 자슬라브스키(2005). 수학 IQ를 만드는 세계 어린이들의 놀이. 서울: 경문사.

Blitzer, R. (2000). *Thinking Mathematics*. Prentice Hall.

Doerr, H. M., & English, L. D. (2003). A modeling perspective on students' mathematical reasoning about data. *Journal for Research in Mathematics Education, 34*(2), pp.110-136.

Edwards, D., & Hamson, M. (1989). *Guide to mathematical modelling*. Boca Raton, FL: CRC Press.

English, L. D. (2003). Reconciling theory, research, and practice: A models and modelling perspective. *Educational Studies in Mathematics*, *54*, pp.225-248.

Freudenthal H. (1973). Mathematics as an education task. Dordrecht : Reidel

Greeno, J. G. (1991). Number sense as situated knowing in a conceptual domain. *Journal for Research in Mathematics Education*, *22*(3), pp.170-218.

Harcourt School (2006). *Harcourt Science Grade 1*. Harcourt.

Harcourt School (2006). *Harcourt Science Grade 1 Student Edition*. Harcourt.

Harcourt School (2006). *Harcourt Science Grade 2*. Harcourt.

Harcourt School (2006). *Harcourt Science Grade 2 Student Edition*. Harcourt

Harcourt School (2006). *Harcourt Science Grade 3*. Harcourt.

Harcourt School (2006). *Harcourt Science Grade 3 Student Edition*. Harcourt

Harcourt School (2006). *Harcourt Science Grade 4*. Harcourt

Harcourt School (2006). *Harcourt Science Grade 4 Student Edition*. Harcourt.

Harcourt School (2006). *Harcourt Science Grade 5*. Harcourt.

Harcourt School (2006). *Harcourt Science Grade 5 Student Edition*. Harcourt.

Harcourt School (2006). *Harcourt Science Grade 6. Harcourt.*

Harcourt School (2006). *Harcourt Science Grade 6 Student Edition*. Harcourt.

Lappen, G., Fey, J. T., Fitzgerald, W. M., Friel, S. N., & Phillips, E. D. (2004). *Connected Mathematics Grade 6*. Prentice Hall.

Lappen, G., Fey, J. T., Fitzgerald, W. M., Friel, S. N., & Phillips, E. D. (2004). *Connected Mathematics Grade 7*. Prentice Hall.

Lappen, G., Fey, J. T., Fitzgerald, W. M., Friel, S. N., & Phillips, E. D. (2004). *Connected*

Mathematics Grade 8. Prentice Hall.

Lesh, R., & Doerr, H. M. (2000). Symbolizing, communicating, and mathematizing: key components of models and modeling. In P. Cobb et al. (Eds.), *Symbolizing and Communicating in Mathematics Classrooms*. Lawrence Erlbaum Associates, Inc. pp.361-383.

Lesh, R. A., & Lehrer, R. (2003). Models and modelling perspectives on the development of students and teachers. *Mathematical Thinking and Learning*, *5*(2&3), pp.109-130.

National Council of Teachers of Mathematics (2000). *Principles and Standards for School Mathematics*. Reston, VA.

Niss, M. (1989). Aims and scope of application and modelling in mathematics curriculum. In Blum, W., Berry, J. S. et al. (Eds.), *Applications and Modeling in Learning and Teaching Mathematics*. Chichester, UK: Ellis Horwood Limited. pp.22-31.

Polya, G. (1957). *How to solve it: A new aspect of mathematical method*. Garden City: Doubleday.

Skemp, R. (1989). *Structured activities for primary mathematics: How to enjoy real mathematics*. London: Routledge.

찾아보기

김민경

이화여자대학교 수학과 (이학사)
이화여자대학교 교육대학원 수학교육전공 (교육학석사)
미국 Iowa State University Dept. of Curriculum & Instruction (Ph.D)
현재 이화여자대학교 초등교육과 교수

홍소진

이화여자대학교 초등교육과 (문학사)
현재 서울인왕초등학교 교사

홍지연

이화여자대학교 초등교육과 (문학사)
이화여자대학교 교육대학원 초등교육전공 (교육학석사)
현재 이화여자대학교 대학원 초등교육학과 박사과정
현재 서울동구로초등학교 교사

수학 원리 탐구 ABC
- 초등학교 5 & 6학년 -

2009년 12월 15일 초판 인쇄
2009년 12월 24일 초판 발행

저 자 / 김민경 · 홍소진 · 홍지연
발행자 / 오판근
발행처 / 교우사

주 소 / 서울 동대문구 제기2동 148-19
전 화 / 925-2861(代), 편집부 / 925-2825
팩 스 / 925-2860
E-mail / kyowoo@kyowoo.co.kr
http://www.kyowoo.co.kr

등록 / 1994. 3. 24 제6-0256호

ISBN 978-89-8172-821-2 (94410)
978-89-8172-818-2 (세트)

값 10,000원

© KyoWooSa, 2009.
※ 이 책의 무단전재, 복제를 금합니다.